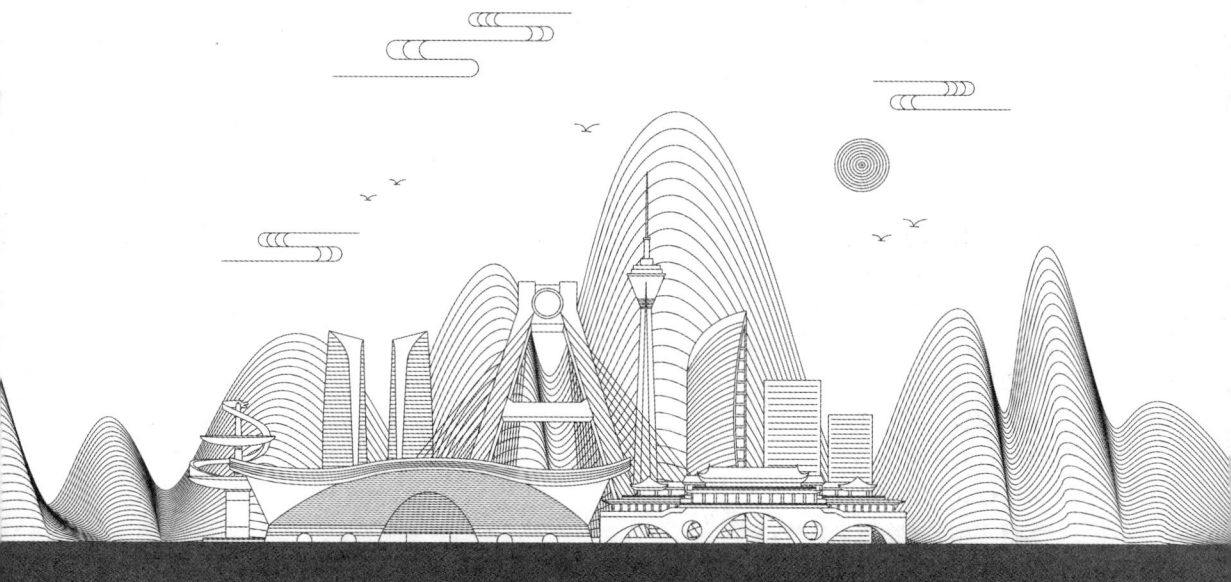

模拟导游：
导游词编写

严昌瑶 李湘玉 ◎ 主编

图书在版编目（CIP）数据

模拟导游：导游词编写 / 严昌瑶，李湘玉主编. -- 成都：四川大学出版社，2025.3. -- ISBN 978-7-5690-7625-7

Ⅰ．K928.9

中国国家版本馆 CIP 数据核字第 2025UC1932 号

| 书　　名：模拟导游：导游词编写 |
| Moni Daoyou: Daoyouci Bianxie |
| 主　　编：严昌瑶　李湘玉 |

选题策划：梁　平　杨　果
责任编辑：陈克坚
责任校对：李　梅
装帧设计：裴菊红
责任印制：李金兰

出版发行：四川大学出版社有限责任公司
　　　　　地　址：成都市一环路南一段 24 号（610065）
　　　　　电　话：（028）85408311（发行部）、85400276（总编室）
　　　　　电子邮箱：scupress@vip.163.com
　　　　　网　址：https://press.scu.edu.cn
印前制作：四川胜翔数码印务设计有限公司
印刷装订：四川五洲彩印有限责任公司

成品尺寸：170 mm×240 mm
印　　张：13.75
字　　数：253 千字

版　　次：2025 年 8 月　第 1 版
印　　次：2025 年 8 月　第 1 次印刷
定　　价：70.00 元

本社图书如有印装质量问题，请联系发行部调换

版权所有 ◆ 侵权必究

扫码获取数字资源

四川大学出版社
微信公众号

编委会

主　　　　编：严昌瑶　　李湘玉
副　主　　编：胥　艳　　侯　琰
编委会主任：徐湖川
编委会副主任：杨明富　　王旭东

前　言

本书为中职学生模拟导游课程学习和考试的辅助教材，是依据四川省教育厅中职单招和高考的考试标准，并参照旅游行业相关要求编写而成。

一、教材编写背景

就目前我国旅游市场的发展现状而言，导游培养仍是旅游服务人才体系建设过程中举足轻重的一环。在带薪休假逐步实现的情况下，普通游客越来越将旅游目的的实现集中地寄托在导游的身上。这成为导游人才培养的现实需求。

对于导游的准确定位应是"一个国家和地区的形象代表、文化的传播者、文化间的桥梁设计专家、旅游行业服务的窗口、旅游业服务质量最敏感的风向标"[1]。在信息咨询手段日益发达的今天，导游不仅应是旅游信息的输出与呈现者，而更应是一名综合性的旅游达人，通过导游的各项服务，游客能更好地享受一段旅途、了解一个地区、感受一个景区、体验一种民俗、饕餮一种美食、选择一种特产。因此，现代旅游中的导游更趋向于被称为游客的"行前的资深顾问""行中的专业管家"和"行后的贴心朋友"。

模拟导游课程是旅游服务与管理专业下属旅行社（导游）技能方向必修的专业课程之一。整体的教学标准对该课程的描述是"掌握地陪、全陪导游的基本工作程序，掌握不同类型景点的特征和讲解技巧、方法，熟悉接待过程中食、住、行、游、购、娱六项旅途服务。掌握突发事件应对的实施步骤，为实地导游夯实基础，形成熟练开展标准化服务的能力"[2]，这也是本教材编写的理论指导。

---

[1] 宫庆伟：《模拟导游》，高等教育出版社，2015年，前言，第Ⅰ页。
[2] 宫庆伟：《模拟导游》，高等教育出版社，2015年，前言，第Ⅰ页。

二、教材编写特色

本教材从实用、适用、够用的角度出发,为中职学校旅游服务与管理专业学生掌握导游服务的实操知识提供借鉴。教材体系紧密结合导游服务岗位的服务流程和标准,注重"工学结合""理实一体",以期更好地将教学与实践结合到一起,使学生学有所成。

本教材根据导游的核心工作内容设计了不同的训练任务,并结合单招、高考导游考试内容编写了相应的导游词,供学生参照背诵、记忆并讲解,同时还辅以实际工作中的真实案例,告诉学生应该"做什么、怎么做、如何做好、如何评价"等。

三、教学方法建议

模拟导游是实用性和操作性特征兼具的专业技能方向课程。在教学中,需要将课堂讲授与任务实训有效结合,将重点放在对学生实际操作能力和协调应变能力的训练培养上,具体教学目标与方法如下。

(一)强化讲解能力

不同类型旅游资源的讲解规范、不同类型旅游团的服务规范,是修读本课程的学生必须掌握的专业基础知识。在讲授分析的基础上,还要通过实践演练强化理解。如在课程中可引导学生开展有关客情分析、途中导游讲解、游客个别要求处理、旅游资源推荐、应变技巧等具体实践,通过多次强化训练提升学生的综合能力。

(二)提升应变、沟通、协调能力

高效的协调、沟通能力是旅游接待工作者的核心技能之一,应变能力是专业学生综合素质的集中体现。因而,强化灵活的应变技巧和处理问题的技巧是本课程的重点培养目标之一。以本目标为出发点,教材将协调、沟通、应变能力的训练与行业最新案例紧密结合,培养临危不乱、善于应变的导游人才。

(三)提升导游语言能力

导游服务工作要求导游具有扎实的语言功底,导游语言的得体、优美不仅反映了导游自身的语言文化功底,更是对职业的尊重、对旅游者的尊重。因此,导游在与旅游者交流、讲解时,语言表达应正确、得体,要在"达意"和"舒服"上下功夫,在"美"上做文章。

本书由教师们在培训学生备战单招和高考技能期间撰写的短篇导游词收集整理而成,撰写过程中借鉴了许多人的成果,在此向各位学者表示感谢。由于编者水平有限,本书难免有许多遗漏和不足之处,敬请各位读者多提宝贵意见!

编 者

目　录

第一模块　导游词基础知识

项目一　导游词创作 ·· 003
　　任务一　导游词的结构 ·· 003
　　任务二　导游词创作技巧 ·· 006
　　任务三　如何创作欢迎词和欢送词 ································ 013
　　任务四　沿途导游词创作 ·· 016
　　任务五　人文景观导游词创作 ······································ 019
　　任务六　自然景观导游词创作 ······································ 023

第二模块　景点导游词编写

项目二　阆　中 ·· 033
　　任务一　阆中古城景区 ·· 033
　　任务二　阆中市景点介绍 ·· 039
　　任务三　阆中古城景点导游词示例 ································ 067

项目三　邓小平故里 ·· 075
　　任务一　邓小平故里景区 ·· 075
　　任务二　邓小平故里景点介绍 ······································ 076
　　任务三　邓小平故里景点导游词示例 ······························ 086

项目四　三星堆遗址 ·· 093
　　任务一　三星堆遗址景区 ·· 093

001

任务二　三星堆典型文物及遗址介绍 …………………………… 099
　　任务三　三星堆遗址景点导游词示例 …………………………… 113

项目五　九寨沟 ……………………………………………………… 120
　　任务一　九寨沟景区 ……………………………………………… 120
　　任务二　九寨沟景点介绍 ………………………………………… 123
　　任务三　九寨沟景点导游词示例 ………………………………… 139

项目六　峨眉山 ……………………………………………………… 148
　　任务一　峨眉山景区 ……………………………………………… 148
　　任务二　峨眉山景点介绍 ………………………………………… 159
　　任务三　峨眉山景点导游词示例 ………………………………… 173

项目七　都江堰 ……………………………………………………… 181
　　任务一　都江堰景区 ……………………………………………… 181
　　任务二　都江堰景点介绍 ………………………………………… 186
　　任务三　都江堰景点导游词示例 ………………………………… 199

参考文献 ……………………………………………………………… 206

后　记 ………………………………………………………………… 207

第一模块

导游词基础知识

项目一　导游词创作

任务一　导游词的结构

一、导游词概念

导游词是导游在带领游客参观游览过程中，用于介绍景点、引导游客、传递文化信息并提升游客游览体验的重要语言工具。

二、导游词的组成

优秀的导游词不仅能够提升游客的旅行、游览体验，还能加深游客对旅游目的地文化的理解和记忆。导游词撰写通常包含以下几个核心要素。

（一）引言及惯用语

每一篇导游词或每一次导游工作的开始或结束时，都应该有框架式的引言，如游览前的"欢迎词"，游览结束时的"欢送词"等。

引言及惯用语一般是导游在陪同游客参观、游览前，向大家表示问候、欢迎和自我介绍的话，实质上是一个简短、亲切的开始，有引出下文的作用。例如：

各位游客朋友，大家上午好！欢迎大家来到泸沽湖，我姓李，大家叫我小李就可以了，非常高兴今天能够陪同各位一起参观游览泸沽湖。

（二）总述

总述是用精练的词句对游览目的地的整体内容作简要介绍，目的是让游客对景点有初步了解，以便产生一种见树先见林的感觉。例如：

> 今天我们将要探索的秘境是被誉为"东方女儿国"的泸沽湖。在民间流传着这样一句话："北有九寨沟，南有泸沽湖，两者遥相呼应，共绘人间仙境。"泸沽湖宛如一颗璀璨的明珠，镶嵌在群山之间，湖水清澈，碧波荡漾，四周被原始森林和古朴的摩梭村落环抱。那么，泸沽湖究竟隐藏着哪些令人心动的景致与文化呢？接下来，就让我们携手步入这片神奇的土地，一同去感受那"湖光山色，摩梭风情"的独特魅力吧！

（三）分述（重点讲解）

分述是导游词的核心部分，它利用有限的时间重点讲解景区中最具有代表性的景观，即通过对主要游览内容进行生动、具体的陈述，使游客尽情饱览一个个景点的风韵和艺术魅力。但是当一个景点同时具有多个重点景观时，导游的讲解内容应该充分考虑游客的旅游动机和文化层次等因素。例如：

> 草海，这片看似平凡却又充满奇迹的水域，是泸沽湖东南角上一颗璀璨的明珠。它以一种近乎原始的方式，展现了自然界的和谐共生。漫步于蜿蜒的木栈道上，脚下是柔软的水草，眼前是波光粼粼的水面，偶尔有几只野鸭掠过，留下一串串涟漪，仿佛是大自然最悠扬的乐章。草海不仅是一片水域，更是一个庞大的生态系统，它滋养着无数水生生物，为泸沽湖的生物多样性提供了坚实的基础。
>
> 在这里，每一根摇曳的水草，每一朵绽放的野花，都在诉说着摩梭人与自然和谐相处的古老智慧。摩梭人视草海为生命之源，他们在这里捕鱼、放牧，用世代相传的方式维护着这片水域的纯净与生机。每年的特定时节，摩梭人还会举行盛大的仪式，感谢草海赐予的丰饶，这种对自然的敬畏与爱护，让草海成了人与自然和谐共生的典范。

（四）结尾

做事要善始善终，写导游词有开头也要有结尾。结尾是导游词的结束语，包括总结、回顾、感谢和美好祝愿。但目前考试中对结尾的要求主要是升华。例如：

> 草海的美，不仅仅在于它的自然风光，更在于它所承载的文化意义与生态价值。它教会我们，真正的美丽，是人与自然和谐共生，是相互尊重

与保护。让我们带着一颗敬畏之心，轻轻走进这片神奇的土地，感受草海带给我们的宁静与力量，让这份美好，成为我们心中永恒的记忆。

三、导游词写作要求

（一）知识性

一篇优秀的导游词必须有丰富的内容，融入各类知识并旁征博引、融会贯通、引人入胜。导游词不能只满足于一般性介绍，还要注重讲解更深层次的内容，如同类事物的鉴赏、有关诗词的点缀、名家的评论等，这样才能提高导游词的档次和水准。最重要的是，导游词的内容必须准确无误，方能令人信服。

（二）口语化

导游语言是一种表现力丰富、生动形象的口头语言，因此，在导游词的创作中首先要注意多用口语化词汇和浅显易懂的书面语词汇，避免使用艰涩难懂的书面语和音节拗口的口语词。其次要多用短句，使导游词讲起来顺口，听起来轻松。需要指出并区分的是，导游词的口语化，不意味着语言的非规范化和语言品位的低俗化，这点会在下文再作说明。

（三）趣味性

幽默风趣是导游词艺术性的重要体现，可使一篇好的导游词锦上添花。为了突出导游词的趣味性，必须注意以下几个方面的问题。

1. 编织故事情节

讲解一个景点时，可以找准时机穿插一些趣味盎然的传说和民间故事，以激起游客的兴趣和好奇心理。

2. 语言生动形象

生动形象的语言能将游客导入意境，从而给他们留下深刻的印象。

3. 恰当运用修辞

在导游词中恰当地运用比喻、比拟、夸张、象征等手法，可使静止的景观化为生动鲜活的动态画面，揭示出事物的内在美，使游客沉浸陶醉于其中。

（四）有重点

每个景区（点）都有其独特的景观，每个景观又从不同角度反映出其特色内容。导游词必须在照顾全局的情况下突出重点，没有重点的导游词是单调乏味的。

从一定意义上讲，导游词的写作公式为：精准的主题思想＋某处景区（点）的重点介绍（核心内容）＋贯穿全篇统一的相关知识＋风趣幽默的言辞表达。

（五）针对性

导游词不是以一代百、千篇一律的。它必须是从实际出发，因人、因时而异的，即导游需要根据不同的游客以及当时的情绪和周围的环境进行有针对性的讲解。切忌不顾游客千差万别，始终使用一篇导游词的现象。编写导游词前一般应有假设的目标受众，这样才能有针对性。

（六）重品位

1. 强调思想品位

一篇好的导游词需要有一个正确且明确的主题思想，并且选定的主题思想要有品位。如在邓小平故里，我们可以以弘扬爱国主义精神、红色文化精神等为主题。

2. 讲究文学品位

在导游词中，可以适当地引经据典。在导游词中引用一些著名的诗词、谚语和名人警句等，也能提高其文学品位。

3. 体现赏玩品位

导游在创作导游词时要注意寓教于乐，以层层深入的方式引导游客渐入佳境，在游赏与"游戏"中传播知识与文化。作为书面说明的导游词，在创作中也应有必要的描绘和抒情。

任务二　导游词创作技巧

导游词的质量对一个地区旅游形象的树立至关重要，其创作质量的高低，影响着游客对一个地区旅游资源宣传和开发程度的评价。要创作一篇好的导游词,必须遵循一定的原则,具体要点如下。

一、对导游词的认识和理解

编写或创作导游词,是导游讲解的基础。导游词既是导游引导游客游览并与游客进行思想交流的重要途径,又是传播文化的载体。一篇优秀的导游词,不仅要对景观或事物本身有准确、清晰的描述,帮助游客由"未知"到"已知",还要有适当的艺术加工和情感融入,引导游客将"观景""听景""赏景"融为一体。当下,研学旅行、乡村旅游、康养旅游等旅游新业态不断涌现,导游词也应适应新形势,因讲解内容、讲解对象、讲解背景的不同而呈现不同的面貌。

二、选定主题

在导游词的撰写过程中,首先面对的是内容的选择,选取哪个景点作为自己写作的对象,决定着整个撰写过程的方向、主题、采用语言等,这些都需要根据该景点的特色、文化背景等进行对应的调整与修改,为了做出恰当的选题,我们应当遵循以下原则。

(一)文化原则

文化是导游词不可或缺的一部分,赋予了景点深厚的底蕴和独特的魅力。在选题时注重文化元素,可以使导游词更加生动、有趣,同时也有助于提升游客的文化素养和旅游体验。自然景观的文化特色可以体现在其独特的地质、气候、生态等方面,而人文景观则更应强调其历史、艺术、民俗等方面的内涵。例如,对于古建筑、古园林等人文资源,导游词应深入挖掘其历史背景、建筑风格、艺术价值等,以展现其独特的文化魅力。

(二)独特原则

导游词的核心在于凸显所描述景点的独特性,即揭示其有别于其他景点的独一无二的特质。这种独特性构成了景点的核心价值,独特性越鲜明,其吸引力便越强。

对于自然景观来说,要突出其天然特色。每一个自然景观都有其独到之处,精准捕捉并传达这些特质,方能吸引游客的目光。例如,名山大川各有千秋；泰山的巍峨、华山的险峻、黄山的奇绝、峨眉的秀美，殊方异致，不容泛泛而谈。

对于历史文化遗产，则应保持其原始风貌，尤其是古建筑与园林，它们不仅具有审美价值，更承载着深厚的历史意义，反映了古人的审美情趣与生活哲学。就古寺院而言，不必过多描述山门、大雄宝殿、四大天王等，因为这些是每个寺院都有的，虽有微小差别，但对于不是研究佛教艺术的一般旅游者而言，其兴趣往往不高。相反，应着力去发现它与其他寺院不同的独具特色的地方。

（三）创新原则

选题应追求新颖，从新的角度、新的材料、新的见解出发，为传统景点赋予新的生命力。无论是自然景观还是人文景观，都蕴含着丰富的故事与文学素材，撰写者应通过广泛搜集、深入分析，筛选出富有时代精神与艺术价值的内容，摒弃荒诞与迷信的元素。最重要的是，要从新颖的视角审视与解读景点，挖掘前人未充分展现的层面，实现"旧瓶装新酒"。

1. 九寨沟五花海

传统解读：以其斑斓多彩的湖水著称，是九寨沟的标志性景观之一。

新颖视角：从生态恢复与自然和谐共生的角度，讲述五花海如何在自然灾害后，借助自然修复与人为保护的双重力量重焕生机，成为生态修复的典范，展现大自然与人类共同努力下创造的奇迹。

2. 都江堰

传统解读：李冰父子修建的伟大水利工程，至今仍发挥着灌溉与防洪的重要作用。

新颖视角：从可持续发展与生态文明建设的角度，解析都江堰如何能够跨越千年，却依然保持其生命力和创新性，成为人与自然和谐相处的典范，并探讨其在当代全球水资源管理中的启示意义。

3. 峨眉山金顶

传统解读：以佛光、云海、日出三大奇观著称。

新颖视角：从天文观测与自然奇观结合的角度，介绍金顶不仅是佛教文化的象征，也是天文爱好者观测星空、研究大气现象的绝佳地点，讲述在科学与宗教之间寻找平衡的奇妙体验。

以上这些新颖的视角，让这些景点不仅仅作为传统的旅游目的地而存在，更成了探索自然奥秘、学习历史文化、感悟人生哲理的多元平台，实现了"旧瓶装新酒"的创意转化。

（四）整体原则

优秀的景点往往拥有深厚的历史文化背景，是自然与人文界的瑰宝。但它们的卓越并非孤立存在的，而是由众多元素共同烘托而成。因此，在撰写导游词时，不能孤立地描述单个景点，而应构建起一个完整的旅游体验框架。

三、确立主题

主题的确立是导游词的创作核心，体现了作者的创作意图和对景点的深刻理解，也可以说是导游词中的立意环节。通过一篇导游词的讲解，要向旅游者表达一种什么样的思想、意图，要激发旅游者什么样的情感、认识和评价，达到什么样的启发教育的目的都与主题的选取与确立息息相关。因此我们说，主题的选择与提炼，是导游词创作的关键步骤。

（一）主题的引领作用

1. 主题决定价值

导游词的主题不仅关乎作品本身的价值，更深刻影响着游客对景点的价值认知。通过深入挖掘与提炼，即使是平淡的景点也能焕发光彩，成为著名地标。

2. 主题指导选材

面对海量的景点资料，明确的主题是选材与提炼的关键。只有围绕主题进行取舍，才能将杂乱无章的材料转化为有机整体，呈现出景点的独特魅力。

3. 主题影响结构

导游词的结构应紧密围绕主题展开，确保内容条理清晰、层次分明。主题的明确有助于作者在写作中做到详略得当、布局合理。

4. 主题制约表达

不同的主题需要使用不同的表达手法与语言风格。自然风光以描写抒情为主，文物古迹则侧重于说明论述，主题的不同决定了表达方式的多样性。

（二）主题的性质要求

1. 正确性

主题应符合景点的真实情况，揭示其文化内涵，激发游客的积极情感，如热爱祖国、热爱生活等。

2. 深刻性

主题应深入挖掘景点的本质特征，揭示其科学内涵，使导游词既生动又深刻。

3. 集中性

主题应简明扼要，避免多中心导致的思路混乱，确保所强调内容清晰与重点突出。

四、深化主题

在导游词创作中，深化主题是丰富内容的重要手段。创作者可通过知识上的旁征博引、情理上的借题发挥、史料上的借古论今等，为游客提供更加全面、深入的旅游体验。

但需注意，深化主题应以真实场景为基础，引用的史料需真实可靠，抒发的情感应积极向上，内容应简洁精练，确保有的放矢、收放自如。

总之，导游词的创作者须具备文学家的功底、诗人的激情、史学家的冷静与理论家的逻辑性，以严谨认真的态度，为游客呈现出生动、深刻、独特的旅游故事。

五、提高导游词创编能力的方法和途径

（一）掌握导游词写作的基本要求

由于性格、性别、语言习惯、文化素养乃至思想境界的不同，导游创作的风格也不尽相同。我们鼓励不断创新导游词，但这不等于可以随便书写，创作者应当掌握并遵循导游词创作的基本原则，如项目一中的任务一第三部分提出的六大写作要求：知识性、口语化、趣味性、有重点、针对性、重品位。

（二）提升文化素养与综合素质

宣传祖国江山的壮美，导游有着重要作用。因此提升导游综合素养具有重要意义。来自不同景区风格殊异的自然山水、人文古建、地道佳肴等均对导游的审美能力提出了要求；游客的个性化需求对导游的服务能力提出了要求；越来越多的不可预知的突发事件则对导游处理问题的应急能力提出了要求。因此，我们不但要加强对导游专业能力的培养和训练，更应该加强对其文化和综合素养的培养和训练，使导游这一职业成为可以不断充电的百科全书。

（三）勤看多写不断积累与进步

应鼓励导游多用职业眼光观察自己看到的事件和景物，运用发散性的思维不断总结和积累，先用文字记录下来，再用导游的方式表达出来。学习优秀的导游词范文，分析其长处，进行模仿写作。但要明白借鉴与创新的关系：一个只会模仿的人，只能成为一个熟练的工匠，而永远也成不了一个独具慧眼的艺术家，要通过汲取他人的优点，不断丰富自己并形成自己独特的导游风格。

（四）形成个人的特色与风格

导游平时要多看语言性强的节目，如相声、评书、小品，学习各种语言类节目的讲话技巧。比如相声中的"抖包袱"，评书中对事物细节的表述等。同时还要注意讲解时语速的快慢、语调的高低、语音的轻重，以及肢体语、微笑语、目光语、服饰语的合理搭配与使用等，以便更好地形成个人导游的魅力与特色风格。

六、导游词创作评分标准

在目前的对口升学考试中，导游词的创作主要出现在笔试阶段，总分为75分，主要评分要素有：主题（5分）、选材（5分）、内容（20分）、语言（15分）、结构（20分）和内涵（10分）。具体评分标准见表1-1。

表 1-1 导游词创作评分标准

序号	评分要素	评分细则	分值
1	主题（5分）	①紧扣主题，特色鲜明，感染力强	4~5分
		②有一定主题，但不够突出，感染力一般	2~3分
		③主题不够明确或没有主题，缺乏感染力	0~1分
2	选材（5分）	①选材合理，尊重史实和现实	4~5分
		②选材较合理，但对史实和现实的真实性把握不够	2~3分
		③选材与主题不符，捏造史实或现实	0~1分
3	内容（20分）	①内容正确、科学、完整	15~20分
		②内容较正确、完整，能体现一定的科学性	10~14分
		③内容有明显错误，对事物（人物）的描述不够完整或缺乏科学的解释	5~9分
		④内容有多处明显错误，拼凑现象严重	0~4分
4	语言（15分）	①语言生动幽默，体现口语化特点	10~15分
		②语言较生动幽默，具有一定吸引力，较通俗易懂	5~9分
		③语言生硬，晦涩难懂，表达不顺畅，缺乏幽默感	0~4分
5	结构（20分）	①结构合理，详略得当	15~20分
		②结构较合理，能突出重点讲解事物（人物）	10~14分
		③结构有明显问题，详略不当	5~9分
		④结构混乱，缺乏明细的条理	0~4分
6	内涵（10分）	①具有文化内涵，体现了创新性、时代性、趣味性特色	8~10分
		②具有一定文化内涵，但创新性不突出，时代性不明显，趣味性不充分	4~7分
		③缺乏文化内涵，未能体现创新性、时代性、趣味性特色	0~3分

任务三　如何创作欢迎词和欢送词

创作欢迎词和欢送词需要遵循一定的格式和规范，同时也要注意表达出真诚和热情。

一、欢迎词

（一）欢迎词结构

1. 表达欢迎

在撰写欢迎词时，首先要表达出对游客的热烈欢迎，在展现友好和热情的态度时可以使用一些亲切的语言，如"亲爱的游客们""欢迎来到我们的旅游胜地"等。

2. 介绍行程

在欢迎词中，需要简要地介绍旅游行程，包括要参观的重要景点、活动安排等，这样可以让游客对即将展开的旅程有一个大致的了解。

3. 提供信息

欢迎词可以向游客提供当地的一些特色信息，比如介绍当地的文化、历史、风俗等，让游客更好地了解旅游目的地，增加旅游的趣味性和知识性。

4. 注意事项

在欢迎词中，需要简要提醒游客需要注意的事项，如安全问题、集合时间、保持环境卫生等。

（二）欢迎词示例

中文欢迎词

游客朋友们：

　　大家好！首先请允许我代表××旅行社对各位的到来表示热烈欢迎！我是××旅行社的导游，我的名字叫××。这位是××师傅，××师傅开车的技术非常娴熟。在今后的几天里将由我和××师傅为大家服务，伴随各位游客朋友一起度过这段游览时光,能为大家服务我感到很高兴。在服务过程中,如果有什么不周到的地方,请大家多提宝贵意见,同时也希望这次××之行能给大家留下深刻的印象。祝愿大家旅途愉快!谢谢各位!

亲爱的游客朋友们:

大家好!大家辛苦了!首先请允许我代表我们××旅行社欢迎各位朋友来我市观光旅游。我姓桂,是××旅行社的一名导游,大家叫我"桂导"就好了。这位是我们的司机×师傅。在我市旅游期间就由×师傅和我为大家提供服务,我们十分荣幸!大家在此旅游,可以把两颗心交给我们:一颗是"放心",交给×师傅,因为他的车技娴熟,有12年的驾龄,从未出过任何事故;另一颗是"开心",就交给桂导我好了。旅游期间,请大家认清导游旗的标志,以免跟错队伍。另外请大家记清集中和游览时间,以免因一人迟到而影响大家的行程。大家有什么问题和要求请随时提出来,我将尽力解决。最后祝大家这次旅游玩得开心、吃得满意、住得舒适。谢谢!

英语欢迎词
(从双流国际机场到成都市区酒店)

Good morning, ladies and gentlemen:

Welcome to Chengdu, we are now on the airport expressway, this expressway is a toll road, and it is about 11.98 km in length, this expressway has been honored as the first road in Sichuan province. It takes only 15 minutes to get downtown from the airport.

First, allow me to introduce our driver, Mr Xie, who has about 12 years driving experience. I am your tour guide, you can call me ××, we both come from the Chengdu travel agency. I would like to extend a warm-hearted welcome to all of you on behalf of my travel agency and colleagues, we will try our best to make your visit go smoothly. If you have any problems or difficulties, please don't hesitate to tell us, my mobile phone number is ××××××××, I will have it available round the clock. And our bus license plate is Chuan A×××××, please remember it!

So now, let me tell you some information about Chengdu. As many of you know, Chengdu is the capital city of Sichuan province. It is located in the west of Sichuan basin, which is known as "land of abundance" since ancient times. In China, we call it Tian Fu Zhi Guo. Chengdu is one of the 24 national historical and cultural cities ratified by the state council. It is also the important political, financial, cultural, and military center in southwest China.

Generally Sichuan recipes or menus in restaurants include some well-known Sichuan dishes, such as Crispy Rice with Sliced Pork, Smoked Duck, Kung Pao Chicken, MaPo Tofu, Yu-Shiang Shredded Pork and so on. In this trip, we will taste these delicacies.

Ok, we will arrive at the hotel soon, please take your luggage and get ready to get off.

二、欢送词

（一）欢送词结构

1. 表达感谢

在欢送词中，首先要对游客表示感谢，感谢他们选择参加这次旅行，并表达对他们旅途中的配合和支持的感激之情。

2. 回顾行程

回顾整个旅游行程中的重要景点和活动，让游客再次回味旅途中的美好时光。

3. 美好祝愿

在欢送词中，应向游客表达美好的祝愿，如祝愿其一路平安、未来生活愉快等。同时，也可以鼓励游客将美好的回忆和经历带回家中，向亲友分享。

4. 告别致谢

最后要向游客告别，再次表达感谢之情，并表示对下次再相聚的期待。

（二）欢送词示例

女士们、先生们：

　　泸沽湖之旅即将接近尾声了，在此我代表××旅行社全体员工再次感谢各位朋友的光临。同时我们也真诚地希望大家有机会能再来这个美丽的女儿国观光。这次旅游能够圆满结束，离不开诸位朋友给予的支持和配合，我再次谢谢大家了。

　　最后，祝各位朋友返程愉快，一路顺风！

各位朋友：

　　眼看火车站就要到了，小王我也要和大家说再见了。常言道"相见时难别亦难""送君千里终有别"。在此，小王我非常感谢各位朋友对我工作的支持。短短几天时间，大家给我留下了非常深刻的印象，谢谢大家的配合！在几天的游览过程中，若有不尽如人意之处，还请各位多多谅解并不吝给予批评指正，您的意见将是我们努力的方向，您的建议将是我们改进的目标。希望大家有机会能再来泸沽湖，欣赏我们的春季湖水、夏日荷香、秋天红叶和冬季雪光。一年四季的美景等着您，到时小王我再来给各位当导游。最后祝愿大家一路平安！阖家欢乐！身体健康！

　　在创作导游欢迎词和欢送词时，要注意语言简洁明了、富有感染力、有礼貌、有亲和力。同时，要结合当地的文化特色和实际情况进行创作，以更好地展现旅游目的地的魅力。

任务四　沿途导游词创作

　　沿途导游词是导游在带领游客前往目的地的过程中，为了丰富游客的旅行体验、增强对沿途风景或文化的理解和兴趣而准备的一种讲解词。优质的沿途导游词，不仅能提升游客对旅程的整体满意度，还能促进文化的传播和地方旅游业的发展。以下是一些创作沿途导游词的实用技巧。

一、了解背景信息

在创作沿途导游词前,我们需要深入地了解背景信息,比如,研究沿途经过的城市、乡镇、古迹的历史背景、传说故事、名人逸事等。如果是自然景观则可以了解其地理特征、动植物分布、气候特点等自然信息,如果是人文景观则可以掌握当地的风俗习惯、节日庆典、传统手工艺等人文信息。

二、明确目标受众

在创作沿途导游词时,我们可以分析游客的年龄、国籍、兴趣偏好等,以个性化内容满足不同群体的需求。

三、构建叙事框架

在创作沿途导游词时,可以采用引入、主体、转折,结尾"四步走"的叙事框架。

引入:用吸引人的开场白或提问引发游客的好奇心。

主体:详细介绍沿途的亮点景物,穿插人文历史故事、自然景观描述、民族文化风情等。

转折:适时加入一些小插曲或互动环节,如提问、小游戏等,增加趣味性。

结尾:总结要点,为接下来的行程做铺垫,或留下悬念,激发游客对后续景点的期待。

四、注重语言表达

生动形象:运用比喻、拟人等修辞手法,使描述更加鲜活。

情感投入:真诚地分享个人感受,让游客感受到导游的热情和对这片土地的热爱。

节奏感:注意语速、语调的变化,保持讲解的流畅性和吸引力。

口语化:采用为较通俗易懂的语言,对于专业术语可以适当解释或尽量避免使用。

五、融入互动元素

提问与解答：鼓励游客提问，并及时给予准确、有趣的回答。
现场演示：如果条件允许，可以进行简单的文化表演或手工艺展示。
参与体验：引导游客参与当地的民俗活动或尝试特色小吃，加深体验。

六、随机灵活应变

根据天气、交通状况、游客反应等实际情况，灵活调整讲解内容和节奏。准备备用故事或话题，以应对可能的突发情况或游客的特殊需求。

七、持续学习更新

定期收集游客反馈，不断优化导游词。关注沿途地区的新变化、新景点，及时更新信息。

以下是一个沿途导游词的示例：

各位游客：

  大家好！

  现在我们已驶入广安城内。广安之名，取自"广土安揖"。也就是说，历史上这儿地广人稀，政府因此向这儿不断移民，希望大家安居乐业。最早向这儿充实的移民多少带有屯殖的意味，有点强制性，所以都是以"军"而见于记载。比如，宋开宝二年（969年），这儿设置的就是"广安军"。自宋以后，朝廷由置军到建州，再到建府，封建王朝在广安的开疆拓土长达上千年，造就了四川东部这个军事重镇。

  现在我们正行驶在去"思源馆"的路上。"思源"二字，取自"饮水思源"，实际上寓意了中国人应致富思源。当今中国的繁荣发展，离不开邓小平的改革开放政策。所以，广安的"思源"路，传达全中国人致富不忘邓小平的一种纪念之情。

  思源路全长7千米，从高速路广安出口一直连接到思源广场。道路幅宽60米，是广安的一条交通大动脉。邓小平把自己奉献给了中国，但邓小平对自己的家乡从来没有特殊的照顾。小平同志去世之后，全国人民把对他的纪念转化为对小平家乡建设的支持，因而，这条投资较大的思源路可以说是聚全国之心、举全国之意，是由海内外众多个人、单位和地方政府捐建的。可以说，这是大家在对改革开放总设计师表示敬意的同时开展的一次爱国主义教育活动，小平同志一生深深地热爱着自己的祖国，祖国当然也不会忘记她的优秀儿子。

小平同志生前曾经对广安的领导人说，要把广安建设好。历史上，广安总是治乱并行，周期性地遭遇着经济发展的困惑。民国时期，四川军阀混战，杨森盘踞广安，广安人民承受着沉重的税赋，经济发展一直处于落后状态。直到20世纪90年代，成都至达州铁路从广安穿境而过，广安从南充地区划出来成为单列市，成都至广安高速路修通，重庆至广安高速路启动，广安才迎来了它历史上的一个快速发展时期。

2004年是邓小平同志诞辰100周年，全中国人民以及许多海外华人乃至外国友人，都把注意力投向了广安。思源路道路两旁这些鳞次栉比的高楼大厦，都是这一时期修建的。这些大楼的"拔地而起"，令我们广安人自己都有一种"日新月异"的感觉。这个变化，说到根节上，还是这条"思源路"在发挥作用。

好，我们已经到了思源广场，请大家在这儿随我下车，一同参观、游览思源广场。谢谢！[①]

任务五　人文景观导游词创作

人文景观，又称文化景观，是自然与人类创造力的共同结晶，反映了区域独特的文化内涵。

一、人文景观定义

人文景观是指人们在日常生活中，为了满足物质和精神方面的需要，在自然景观的基础上叠加了文化特质而构成的景观。它不仅是历史的见证，也是社会、文化和宗教要求的体现，同时受到环境因素的影响，并与环境共同构成独

[①] 参见廖荣隆：《廖荣隆助你考导游①》，中国旅游出版社，2007年，第320～322页（有改动）。

特的景观。

二、人文景观的特点

（一）历史性

人文景观往往具有悠久的历史背景，是人类文明发展的产物。人文景观见证了人类社会的发展历程，具有深厚的历史底蕴和时代烙印。中国著名的人文景观长城的修筑历史就是最好的证明。

（二）文化性

人文景观是人类文化的重要载体，反映了特定时期、特定地域的文化特色。人文景观通过建筑、服饰、音乐等形式，展现人类文化的多样性和丰富性。

（三）地域性

每一种人文景观都不可避免地会打上地域的痕迹。因此同一时期的人文景观，在不同的地区会呈现出不同的特点。

（四）继承性与流变性

人文景观的发展是随文化的发展、变迁而发展的。文化是一种历史现象，文化的发展具有历史连续性，同时文化的发展又是一个变化的过程。随着社会的发展，各种文化也在相互融合、交叉，因此从文化发展中产生的人文景观同样也在不断地发生变化。

（五）独特性

人文景观是在特定的地理环境和特定历史时期形成的。由于地域不同、民族不同、传统文化不同，各国、各地区的人文景观都具有自身的独特性与独特价值，例如中国的长城、兵马俑、故宫与埃及的金字塔等。

三、主要类型

（一）历史古迹

历史古迹包括人类历史文化遗址、古代建筑、古代陵寝和历史文物等。它们是人类历史的见证，具有极高的历史和文化价值。

1. 都江堰

都江堰位于成都平原西部，由秦国李冰父子于公元前256年主持修建，至今已有2000多年的历史。其中的宝瓶口和飞沙堰分别用于分水、导流和排沙、泄洪。

2. 武侯祠

武侯祠位于成都市区，为纪念三国时期蜀汉丞相诸葛亮而建，是了解三国历史文化的好去处。

3. 乐山大佛

乐山大佛位于四川省乐山市，是世界上最大的石刻佛像，高达71米，气势磅礴。大佛依山而刻，寺庙内还有许多其他文物古迹，如摩崖石刻、佛教壁画等，具有很高的艺术和历史价值。

4. 三星堆

三星堆位于四川省广汉市，是一处距今有4000多年历史的古蜀文化遗址。其中的青铜神树、黄金面具和青铜大立人都极具艺术价值。

5. 剑门蜀道

剑门蜀道位于四川省广元市，是古代著名的交通要道，也是一处重要的历史文化遗址。其中的诸葛亮祠是为纪念蜀汉丞相诸葛亮而建。

6. 阆中古城

阆中古城位于四川省阆中市，是一座具有2300多年历史的古城。古城墙保存完好，古建筑群如张飞庙、巴巴寺等体现了古代建筑艺术的精华。

（二）古典园林

古典园林指在一定的地段范围内，利用和改造自然山水地貌或人为地开辟山水地貌，并结合植物的栽植和建筑的布置，构成一个供人们观赏、游憩、居住的环境。古典园林体现了人类对自然美的追求和创造。例如，崇州罨画池位于四川省成都市崇州市崇阳镇大东街54号，始建于唐代，是一座典型的衙署园林。园内亭台楼阁、池馆水榭错落有致，建筑风格古朴典雅，融合了江南园林的婉约与川西园林的秀雅。

（三）宗教文化景观

宗教文化包括宗教建筑、宗教仪式和宗教活动等。宗教文化是人类精神生活的重要组成部分，具有独特的文化内涵和审美价值。

1. 峨眉山金顶

峨眉山金顶位于峨眉山最高峰，海拔3079米。金顶上有一座巍峨的普贤菩萨像，高48米，是世界上最高的铜铸菩萨像。永明华藏寺寺庙建筑雄伟壮观，香火旺盛，是游客和信徒朝圣的圣地。

2. 昭觉寺

昭觉寺位于成都市，是四川四大佛教名刹之一。寺庙建筑风格古朴典雅，内部供奉着众多佛教神像。每逢春节、元宵等节日，寺庙都会举行盛大的法会活动，吸引众多信徒和游客前来参观。

3. 文殊院

文殊院位于成都市区，是四川著名的佛教寺院之一。寺庙内供奉的文殊菩萨，是佛教智慧与慈悲的象征。寺庙建筑精美，环境宁静，是游客和信徒修行、祈福的理想之地。

（四）民俗风情景观

民俗风情指特定地域、特定民族的风俗习惯、节日庆典、服饰饮食等。民俗风情景观反映了人类社会的多样性和丰富性，是人文景观中不可或缺的一部分，例如云南的傣族泼水节、彝族的火把节等。这些民俗活动不仅丰富了当地的文化生活，还吸引了大量游客前来观赏和参与。

（五）文学与艺术景观

文学与艺术包括文学作品、艺术作品等。它们通过文字、绘画、雕塑等形式，展现了人类文化的艺术魅力和审美追求。例如，位于成都市区的杜甫草堂，是唐代著名诗人杜甫的故居，现已成为一座纪念杜甫的文化景点。杜甫在草堂的茅屋中创作了许多著名的诗篇，如《茅屋为秋风所破歌》即为最知名的一例。草堂的诗史馆展示了杜甫的生平事迹和诗歌创作经历。

四、人文景观导游词创作

(一) 捕捉人文景观的历史韵味，彰显时代风貌

人文景观作为历史的见证者，深深烙印着时代的印记和地域的色彩，它们是人类与自然互动、对自然改造过程中智慧的结晶。因此，在撰写导游词时，精准捕捉并强调其历史特征，让游客产生穿越时空、亲临其境的体验感，是至关重要的。

(二) 深挖文化内涵，丰富讲解层次

每一种人文景观都蕴藏着丰富的文化底蕴，这些深层次的信息往往超越了游客的直接视觉体验。作为导游，应当运用多样化的讲解技巧，如故事叙述、象征解析等，将那些隐藏在景观背后的文化精髓，生动、具体地传达给每一位游客，使他们的旅行不仅仅获得视觉上的享受，更得到心灵上的洗礼。

(三) 围绕"人类与自然共生"的核心议题深化内涵

那些历经岁月洗礼而依旧熠熠生辉的人文景观，无一不是人与自然和谐共生的典范。在导游创作与解说中，应紧密围绕这一主题，既讲述过往的辉煌故事，也探讨其对现代社会的启示，以此激发游客对人与自然关系的深刻思考，体现人文景观的教育价值。

任务六　自然景观导游词创作

一、自然景观定义

首先，从广义上来看，自然景观是天然景观和人为景观的自然方面的总称。其次，这里的"天然景观"指的是那些尽管受到了人类间接、轻微或偶尔的影响，但原有自然面貌未发生明显变化的景观。这类景观往往具有原始、野性和壮丽的特点，如极地、高山、荒漠、沼泽、热带雨林或田野以及某些自然

保护区等。它们是大自然长期发展变化的产物，由大自然的鬼斧神工雕造而成，具有天然赋存的特点。与之相对，"人为景观"则是指受到人类直接影响和长期作用，自然面貌发生明显变化的景观。虽然这些景观是人类作用和影响的产物，但它们的发展规律仍然服从于自然规律。人为景观又称文化景观，虽然包含了人类活动的痕迹，但仍然保留了自然景观的某些特征。不过需要注意的是，在自然景观的涵义中，人为景观并不包括其经济、社会等方面的特征。

二、自然景观的特点

（一）天赋性

天赋性体现为自然景观作为大自然长期发展变化的产物，由大自然的鬼斧神工雕造而成，具有天然赋存的特点。

（二）地域性

地域性体现为自然景观的形成和演变受到地理位置、气候条件、地质构造等多种自然因素的影响，因此不同地区的自然景观往往具有鲜明的地域特色。

（三）科学性

科学性体现为自然景观的各个要素之间具有复杂多样的因果关系并相互联系，而这些联系和关系都是有科学依据的。

（四）差异性

差异性主要体现为吸引价值方面，相同的自然景观对于不同人群的吸引力是不同的，这取决于人们的审美观念、文化背景和综合素质等因素。

三、主要类型

自然景观大致可以分为四种类型，即山岳景观、水体景观、生物景观、气象及气候景观。

（一）山岳景观

山岳景观是指以山地为主体，由自然地理要素和人文要素相互作用、相互融合而形成的具有观赏、科研、文化、生态等多种价值的综合景观。

1. 峨眉山

峨眉山位于四川省西南部，是中国"四大佛教名山"之一，最高峰万佛顶海拔3099米。峨眉山金顶春有花团锦簇，夏可清凉避暑，秋赏烂漫红叶，冬有梦幻冰雪，日出、云海、佛光、圣灯，每一处景观都让人惊艳。

2. 贡嘎山

贡嘎山是四川省最高的山峰，主峰海拔7508.9米，周围有海拔6000米以上的高峰45座，被喻为"蜀山之王"，有日照金山、冰川奇观、星河灿烂等妙不可言的美景。

3. 稻城亚丁

稻城亚丁被誉为"蓝色星球上最后一片净土"，以仙乃日、央迈勇、夏诺多吉三座雪峰为核心景观。

4. 青城山

青城山位于都江堰西南，主峰老君阁海拔1260米，群峰环绕起伏、林木葱茏幽翠，享有"青城天下幽"的美誉。

5. 西岭雪山

西岭雪山位于成都市大邑县境内，因唐代大诗人杜甫的千古绝句"窗含西岭千秋雪，门泊东吴万里船"而得名。西岭雪山景区内最高峰大雪塘海拔5364米，终年积雪不化，为成都第一峰。

6. 瓦屋山

瓦屋山位于眉山市洪雅县瓦屋山镇，海拔2830米，孤峰状的山体拔地而起，山顶平坦如桌台，被誉为中国最美桌山，也是世界第二大桌山。

（二）水体景观

水体景观是指以水体（包括自然水体与人工水体）为核心要素，结合地形、植被、建筑等环境要素，形成的具有美学价值、生态功能或文化意义的景观。

1. 九寨沟

九寨沟以其"水景之冠"的美誉，成为四川旅游的标志性景区。

2. 泸沽湖

泸沽湖位于四川省凉山州盐源县与云南省丽江市宁蒗县交界处，是中国第三大深水湖泊。湖内有一小岛,景区内有草海、情人滩等著名景点。

（三）生物景观

生物景观是指由生物群体及其生存环境相互作用形成的具有特定美学、生态或科学价值的景观。

1. 都江堰·银杏

一夜寒霜降,满城银杏黄。初冬时节,都江堰城区不少街道的银杏都会由绿转黄,在城区铺就一条条"黄金大道"。

2. 米易·白鹭

位于北纬26度的米易县,即便在冬日依旧拥有适宜的气候,云水青天、风光旖旎,白鹭翩翩、生机盎然。

3. 西昌·梦寻花海湿地·金钱松林

云烟染彩林,暖阳漫彩林,群鸟栖彩林,小路绕彩林,色彩斑斓的金钱松林在一年四季都散发着迷人的魅力。

4. 成都·熊猫基地

人们在这里可近距离观察国宝大熊猫的生活状态,了解它们的习性。

（四）气象及气候景观

气象景观是指由大气中各种物理过程和现象所形成的、可供人们观赏的自然景观。气候景观则是指由于不同地区的气候条件（如温度、降水、光照等）长期作用而形成的自然景观。

1. 峨眉山·佛光

佛光是峨眉山著名的气象景观,通常在阳光斜射、云雾弥漫时出现。阳光透过云雾,形成彩色光环,光环中常伴随观者的人影或物体影子,使其仿佛是佛像背后的光环,因此得名"佛光"。

2. 九寨沟·彩林与雪景

九寨沟以其四季分明的景色著称,秋季彩林斑斓,冬季雪景如画。气候的变化使得九寨沟在不同季节呈现出截然不同的美景。

3. 贡嘎山·日照金山

贡嘎山是四川最高的山峰,日出或日落时,阳光照射在雪山顶上,呈现出金色的光芒,因此被称为"日照金山"。

四、自然景观导游词创作原则

在创作自然景观导游词时,我们应确保导游词准确、生动且具有引导性,具体可以遵循以下创作原则。

(一)科学真实

导游词的内容必须基于科学实证,对自然景观的描绘应准确无误。避免任何夸大其词或误导性信息的出现,以维护自然与游客间的真诚对话。

(二)文化融合

将地域文化精髓巧妙地融入讲解中,通过历史人物、民间传说与民俗故事的点缀,让自然景观焕发出人文色彩,既增添游趣,又推动地方文化的传承。

(三)促进互动

设计互动环节与活动,如寻宝游戏、生态观察等,鼓励游客亲身投入自然怀抱,深化其对自然之美的体验与感悟。

(四)凸显景观独特性

在描绘时,着重强调每一处景观的独到之处,如地貌特征、珍稀动植物等,帮助游客迅速领会景观的精髓与魅力。

(五)构建情感联结

通过细腻描绘自然景观的壮丽、神秘或精巧之美,触动游客心灵,激发他们对大自然奥秘的好奇与敬畏之情。

(六)逻辑清晰

导游词需条理清晰,遵循逻辑顺序,如由远及近、从整体到细节逐步展开等,方便游客系统性理解并充分沉浸于景致之中。

(七)语言生动形象

采用丰富多样的修辞手法,如比喻、拟人等,使语言更加生动鲜活,同时确保表述简洁明了,使各年龄层与文化背景的游客都能理解接受。

严格参照以上原则，我们就可以创作出富有吸引力、科学严谨且文化底蕴深厚的自然景观导游词，为游客带来一次难忘的游览体验。

五、将自然景观与文化背景相结合策略

（一）挖掘传说和民间故事

几乎每一处自然景观背后都有与之相关的传说或民间故事。这些故事为景观增添了神秘感和趣味性。例如，某地的山川可能伴随着一个英勇的当地居民利用山川的特性抵御外敌入侵的故事。这些故事的讲述可以令游客更深入地理解景观的由来，并体验当地的文化。

（二）引入历史人物

历史上有很多著名的人物与某些自然景观相互关联。他们的足迹、诗篇或故事可以成为导游词中的亮点。例如，某位文人墨客曾在某一瀑布下写下了千古名篇，通过介绍这位文人和他的作品，可以增加游客对景观的情感共鸣。

（三）与节日活动结合

很多地方都有与自然景观相关的传统节日或活动。这些活动往往反映了当地人的生活方式和对大自然的敬畏之情。例如，在引导游客于某地观赏日出时，可以介绍当地人如何通过特定的仪式来庆祝新的一天的开始。

（四）引入地方特色

每个地方都有其独特的食品、工艺品或音乐等地域特色。在介绍自然景观时，可以穿插介绍这些特色，并鼓励游客进行体验。例如，在介绍某地的特产时，可以邀请游客品尝，或者在合适的时机播放当地的音乐，为游览增添气氛。

（五）设计互动游戏和活动

设计一些与当地文化和自然景观相关的互动游戏或活动，让游客亲身参与其中。例如，可以组织游客进行寻找当地特色植物或动物的游戏，或者教他们制作与当地文化有关的工艺品。

（六）引入方言和俗语

使用当地的语言和俗语来描述景观，可以为导游词增添趣味性。很多俗语都源自当地人在长期生活中对自然现象的观察和理解，通过这些俗语，游客可以更深入地了解当地文化。

总的来说，将文化背景融入导游词中需要导游具有丰富的知识和灵活的应变能力。而只有不断学习和探索新的方法才能保持导游词的新鲜感和趣味性。

第二模块

景点导游词编写

项目二 阆 中

任务一 阆中古城景区

一、景区概况

位于四川省南充市阆中市阆水中路33号的阆中古城（见图2-1）是中国四大古城之一、中国春节文化之乡，曾获全国历史文化名城、中国优秀旅游城市、国家5A级景区等多项殊荣。其地处四川盆地北部、嘉陵江中游，距成都约300公里，山围四面、水绕三方，地势十分险要，自古以来就是一座军事重镇，是兵家必争之地。

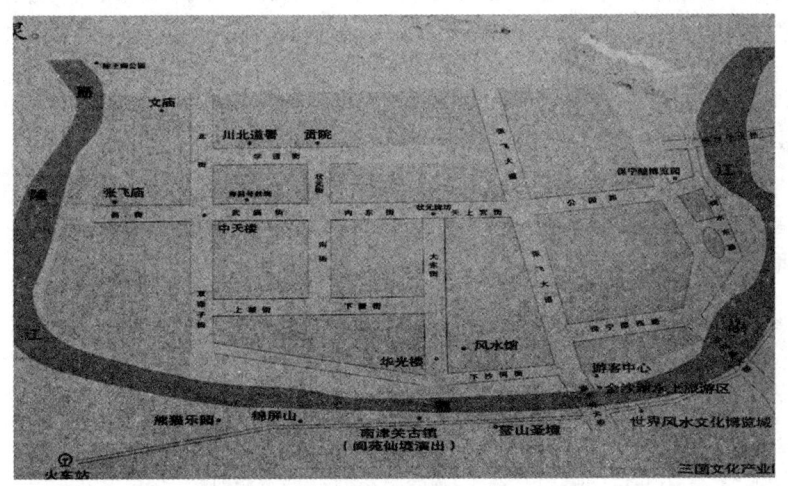

图2-1 阆中古城景区导览图

古城景区总面积4.59平方千米，古城核心区域总面积2平方千米，有张飞庙、永安寺、川北道贡院、华光楼、阆中文庙等多处文物保护单位。

古城历史悠久，阆中是古巴国的都城。史料记载，周武王①伐纣时，曾得到巴人的大力协助，"牧野之战"②的胜利就是在巴人组成的"虎贲"军的帮助下取得的。周王朝建立后，封巴国为诸侯国，建都江州，后迁都阆中。此后历代阆中皆为郡、州、府、道的治所，也是川北政治经济文化的中心。

阆中古城的建筑风格体现了中国古代的居住风水观，是中国古代建城选址追求"天人合一"完备的典型范例。其建筑格局融南北风格于一体，形成"半珠式"、"品"字形、"多"字形等风格迥异的建筑群体。城内街巷严格遵循风水穴法规划布局，以中天楼为核心，以十字大街为主干，层层展开，布若棋局。各街巷取向多与远山朝对。古城中上千座民居院落，大多为明清时期建筑，歇山单檐式木质穿斗结构，青瓦粉墙，鳞次栉比。古色古香的上百条街道和成群连片的民居堪称古城瑰宝。

阆中古城自古人杰地灵，人才辈出，是四川出状元最多的地方，《保宁府志》《阆中县志》中记载，阆中出状元4人、进士116人、举人404人，被誉为四川的状元、举人之乡。

阆中还是川陕苏区③的重要组成部分，是著名的革命老区。1933年红四方面军建立川陕革命根据地，在阆中地区转战三年之久，并建立了苏维埃政权，19000多名阆中儿女响应号召参加了中国工农红军。目前，古城中有阆中红军烈士纪念馆、红四方面军总政治部旧址等众多红色遗迹。

阆中古城先后获得全国历史文化名城、中国优秀旅游城市、中国春节文化之乡等多项荣誉，2013年9月，阆中古城被评为国家5A级旅游景区。2020年11月18日，阆中古城当选"成渝十大文旅新地标"。

(一) 历史沿革

阆中早期居民为賨人④，东汉文献记载其因善舞而受到高祖喜爱。商周至战国，地属多变，后巴国迁都于此，属域始定。秦置阆中县，汉为巴西郡治，

---

① 〔商末周初〕周武王（约公元前1087—前1043），姬姓，周氏，名发，是周文王姬昌次子。中国西周第一代帝王。

② 牧野之战是中国商朝和周朝交替时，周朝武王率军直捣商都朝歌（今中国中部河南淇县），在牧野（今淇县以南卫河以北地区）大破商军，灭亡商朝的一次决战。

③ 川陕苏区是中国工农红军第四方面军于1932年12月战略转移到四川、陕西边界地区时，在川陕边区党组织和广大劳动群众的配合支持下建立的一个苏维埃区域。

④ 賨（cóng）人，历史上的少数民族，又称寅（yín）人、板楯蛮。

由张飞①镇守。魏晋至隋，治所名多变，唐复名阆中。五代至宋，均为阆州治。明末清时，阆中代行四川临时省会10余年。民国初设川北宣慰使署，后改观察使署、道署并移治南充。1949年12月29日由中国人民解放军接管，次年成立县人民政府。1993年阆中成为省直辖市，由南充代管。

（二）地理环境

阆中位于四川盆地北部，嘉陵江中游。地理位置介于东经105°41′～106°24′、北纬31°22′～31°51′之间。东靠巴中市、仪陇县，南连南部县，西邻剑阁县，北接苍溪县。

阆中处于川中丘陵区向川北低山区的过渡地带。全境东西北部高，中南部低，呈堰尾槽状地势和多层次梯级地形。海拔范围在328～888米之间，最高点为龙泉镇的马鞍山，最低点为最南端的朱镇乡猫儿井嘉陵江段。其中低山、高丘、中丘占辖区总面积的92%，低丘、平坝占6.31%，水域占1.69%。山脉分列嘉陵江东西，嘉陵江以东为大巴山脉，以西为剑门山脉。

嘉陵江是阆中境内主要河流，其从北向南流经多个乡镇，过境全长59.45公里。此外还有白溪、东河、构溪、西河4条嘉陵江支流贯穿境内，分别于不同地区汇入嘉陵江。

阆中属亚热带湿润季风气候区。气候温和，雨量充沛，光照适度。年均温度17℃，极端最高气温39℃，最低气温-4.6℃。常年无霜期290天，年均日照1379.8小时，年均降水量1033.9毫米。

图2-2 风水球

（三）文化活动

1. 风水文化

阆中，被誉为"中国风水第一城"，其风水文化源远流长，独具特色，位于天宫院景区的风水球（见图2-2）即是重要证明。这座城市背山面水、坐北朝南、三面环水、四面环山，自然与人文景观相融，非常符合中国传统风水学的理论。阆中古城的选址、布局以及建筑群落均严格遵循风水原则，

---

① 〔汉末三国〕张飞（？—221），字益德，幽州涿郡（今河北省保定市涿州市）人，汉末三国时期蜀汉名将。

形成了独特的城市风貌。同时，这里也是众多天文学家和风水大师的活动之地，留下了许多耐人寻味的传说。如今，阆中的风水文化已经成为其独特的旅游资源之一，吸引着众多游客前来探访，感受这座城市的神秘魅力。

2. 三国文化

阆中是三国文化的重要发源地之一，阆中古城是三国文化旅游线的重要组成部分，拥有汉桓侯祠（张飞庙）等三国文化遗迹。三国时蜀汉大将张飞曾任巴西太守，驻阆中达七年之久（214—221年），在这里他率精卒万人，击溃了曹操的上将张郃带领的三万人的进攻，取得了"保境安民"的胜利。张飞伐吴前夕，被部下范强、张达所杀，身葬于阆中，后人为其建的汉桓侯祠，今为国家级文物保护单位。此外，三国蜀汉名仕周群、谯周、程畿，镇北将军黄权，镇南大将军马忠等都是阆中人。阆中曾举办三国文化座谈交流会，缅怀三国名将，传承忠勇仁义等中华优秀传统文化。中国台湾地区青年三国文化四川行活动也曾在阆中举办，海峡两岸三国文化专家、宫庙代表在这里共话三国历史的发展与传承。

3. 科举文化

阆中古城科举文化底蕴深厚。阆中在唐代出了尹枢、尹极二状元，宋代出了陈尧叟、陈尧咨二状元，是四川出状元最多的地方。川北道贡院是全国保存最为完好的一座清代乡试考场，也是全国罕见的一处科举文化圣地。贡院坐落于阆中古城的学道街，明清时，四川临时省会设于阆中，在此举行四川省乡试四科。据《保宁府志》、《阆中县志》记载，阆中出进士116人、举人404人，被誉为四川的状元、举人之乡。

4. 天文文化

阆中是中国古代天文文化的璀璨明珠。这里孕育了西汉著名天文学家落下闳[1]，他创制的《太初历》是中国第一部有文字记载的完整历法，并首次将二十四节气纳入其中，对后世产生了深远影响。此外，东汉的周群、周舒、周巨，以及唐代的袁天罡、李淳风等天文学家也曾在阆中进行天文观测和研究。阆中的天文文化不仅体现在这些历史名人的贡献上，更融入了古城的规划和民众的日常生活中，成为这座城市独特的精神气质。

---

[1] 〔西汉〕落下闳（公元前156—前87），字长公，西汉时期天文学家，巴郡阆中（今四川阆中）人。

5. 宗教文化

阆中是全国少有的"五教汇流之地",道教、佛教、伊斯兰教、基督教、天主教都曾在此活动,繁衍出斑斓的宗教文化。阆中古城宗教文化源远流长,自汉唐以来,道教、佛教、伊斯兰教先后传入阆中,稍后,基督教、天主教也相继而来,教徒们在这里建寺庙、修教堂,构成了阆中多元文化中一道独特的风景线。游客可以在阆中参观各种宗教建筑和遗迹,如穆斯林的圣地巴巴寺,天主教遗迹天主堂,西南现存规模最大的基督教堂——阆中福音堂,以及道教的云台观、吕祖殿、八仙洞、五龙庙文昌阁,佛教的大佛寺、观音寺、永安寺、圆觉寺、千佛寺、长青寺、净圣庵等。

6. 春节文化

阆中被誉为中国春节发源地,这是因为西汉时期巴郡阆中人落下闳编制了《太初历》,恒定了春节的时间。每年春节期间,阆中都会举办各种庆祝活动,如落下闳春博会等,弘扬春节文化。

7. 民俗文化

阆中古城民俗文化多姿多彩,有动人心魄的打钱棍,朴实酣畅的花灯戏、太平牛灯,风情万种的剪纸、川北皮影,以及被誉为戏剧活化石的阆中傩戏,深情优美的山歌调、打夯歌,耐人寻味的川剧座唱,抑扬顿挫的茶馆评书,等等。

8. 红色文化

阆中是川陕革命根据地的重要部分,这片红色土地见证了无数英勇烈士的壮举,承载着厚重的红色文化和精神财富,是传承红色基因、弘扬革命传统的重要场所。民国22年至24年(1933—1935年),红四方面军在徐向前、李先念、许世友、廖承志等老一辈无产阶级革命家的指挥下,转战阆中三年之久。目前,阆中仍留有中共阆南县委旧址、阆南县苏维埃旧址、保宁镇红军石刻标语群、阆中红军纪念馆等众多红色遗迹。

9. 巴人文化

阆中是巴人文化的重要发源地之一。巴人在阆中生活时期,创造了丰富的文化遗产,如巴渝舞、川北灯戏等。这些文化形式至今仍在阆中盛行,成为当地独特的文化景观。此外,巴人在阆中还留下了许多历史遗迹,如古城墙、古建筑等,这些遗迹见证了巴人在阆中的历史变迁和文化传承。阆中古城在古代是巴人活动的中心地区之一,形成了丰富多彩的巴人文化。现在,我们还可以从"巴文化活化石"巴人舞以及川北灯戏、傩戏、牛灯竹马等流传于阆中民间的民俗艺术中，看到饶有特色的巴人遗风。

（四）特产

1. 白糖蒸馍

阆中的白糖蒸馍，曾获巴拿马国际博展会银质奖章及四川省级名小吃称号。它由乾隆年间回民哈公奎创制，采用自然培植酵素发酵，色白酥软，鲜香回甜，还可加桂花增香。熟食香甜绵软，冷食酥散甜爽，且耐贮耐运，久存不坏。

2. 保宁压酒

保宁压酒是四川省阆中市特产，中华人民共和国国家地理标志产品。保宁压酒是阆中独有的传统名酒，已有300多年的历史，含有17种氨基酸和丰富的维生素，有滋养身体、抗衰老等作用。

3. 保宁醋

保宁醋是四川省阆中市保宁镇的传统名优特产，中国四大名醋之一。保宁醋以麸皮、小麦、大米、糯米为原料，用多味中药材制曲，取优质泉水"松华"井水精酿而成，香味浓郁，酸而微甜，久存不腐。保宁醋的酿造始于936年，是中国四大名醋中唯一的药醋，更是四川麸醋的鼻祖。1985年保宁醋成为国宴调味用品。随着川菜厨师对保宁醋的广泛应用，保宁醋与川菜均得以传播四海。

4. 张飞牛肉

张飞牛肉产于四川省阆中市，是具有浓厚回民风味的特产。张飞牛肉表面为棕红色，切开后肉质纹丝紧密，不干、不燥、不软、不硬，食之咸淡适口，宴席配餐，伴酒佐餐均宜。张飞牛肉曾在民国时期成都"劝业会"上被评为"上等食品"，亦曾在20世纪40年代获得成都工业协会优质产品银奖。因其外观特征为"表面墨黑内心红亮"，恰好和猛将张飞的形象相似，故称"张飞牛肉"。1998年其获中商部优质产品奖，以及首届中国食品博览会铜奖。

5. 阆中川明参

阆中川明参是四川省阆中市特产，中华人民共和国农产品地理标志产品。阆中种植明参已有300多年的历史，明参呈长圆柱形，微弯曲，质硬脆，易折断，断面淡黄色，半透明，具有蜡样光泽。

6. 千佛竹根姜

千佛竹根姜是四川省阆中市特产,中华人民共和国农产品地理标志产品。千佛竹根姜嫩姜分枝较多,形如竹根,表皮黄白色,纤维较少,脆而不辣。

任务二　阆中市景点介绍

一、汉桓侯祠

汉桓侯祠(见图2-3),俗称张飞庙,明代又称雄威庙,位于四川省阆中市古城西街59号,始建于蜀汉章武元年(221年)。张飞死后,时人为表追忆与感念,建起汉桓侯祠,其虽历遭战火毁坏,但累毁累建。目前的汉桓侯祠为明清时重建的四合庭院式古建筑群,占地面积5000多平方米,规模较大,建造精美,建筑面积2200平方米,为三国文化的一大胜迹。

1996年11月20日,汉桓侯祠被中华人民共和国国务院公布为第四批全国重点文物保护单位。

图2-3　汉桓侯祠

(一)历史沿革

蜀汉章武元年(221年),张飞死后被谥为桓侯,并葬于阆中,汉桓侯祠随即建起,其虽历遭战火毁坏,但累毁累建。

明成化年间(1465—1487年),阆中百姓为纪念张飞拒敌有功,增建了敌万楼。

清道光二十年(1840年),官府对汉桓侯祠大殿、墓亭、聊园进行了维修。

2007年5月至10月,当地政府对汉桓侯祠广场进行了风貌打造,聊园和东西厢房被开辟为展示张飞生平及三国文化的陈列室。

2008年4月28日,汉桓侯祠重新开馆。

（二）建筑格局

汉桓侯祠为明清时期重建的四合庭院式古建筑群，由山门、敌万楼、左右牌坊、东西厢房、大殿、后殿、墓亭、墓冢等部分组成。其中，山门和敌万楼为明代建筑，其余部分为清代所建。整体建筑依山取势，高低错落，主次分明，布局合理。

（三）文物价值

汉桓侯祠现存的各建筑本体、建筑结构、建筑构件、建筑装饰都是一定历史时期的遗存，是研究四川古代宗教、传统建筑工艺、民俗民风的重要实物资料。祠内现存碑匾 24 通、名联多副，多系名家所书，具有极高的艺术价值。

（四）主要建筑

1. 敌万楼

阆中汉桓侯祠内的敌万楼，取《三国志》称张飞"万人敌"之意。该楼建于明代，高达 10 余米，采用重檐歇山式屋顶，四瓣镶成的梅花方形柱，翘角连云，气势不凡。檐下巨大匾额上刻有"灵庥奕奕"①"万夫莫敌""虎臣良牧"等楷书大字，正映照了《三国志》中对张飞"称万人之敌，为世虎臣"的评价。楼下置唐、宋铸铜佛三尊。楼左右两侧木石牌坊间，嵌有明洪武十三年（1380 年）《大汉西乡亭侯张庙记》、成化八年（1472 年）《蜀汉西乡亭侯张公灵异碑》、弘治九年（1496 年）《汉桓侯车骑将军张翼德之墓碑》等，文字蚀残，不可卒读。敌万楼不仅结构精致，而且承载着深厚的历史文化底蕴，是游客了解张飞生平和阆中历史文化的重要景点。

2. 大殿

阆中汉桓侯祠大殿是明清时期重建的古建筑，位于敌万楼之后，大殿修建在 2 米高的石砌台基之上，面阔 5 间，宽 22 米，气势雄伟。其歇山式屋顶，砖雕拼合屋脊，是清同治（1862—1875 年）时重修的。外廊置巨鼎，右有张飞"立马铭"，左有《重修庙记》古碑。大殿正中塑有 2 米多高的张飞文像，头戴冕旒，身着蟒袍，手捧玉笏，竖眉瞠目，不怒而威。左右有张苞执蛇矛和马齐捧丹卷陪侍。大殿内外装饰古朴典雅，是游客了解张飞生平和三国文化的

---

① 灵庥奕奕（líng xiū yì yì）：张飞庙中的匾额。

重要场所。

3. 张飞墓

张飞墓（见图2-4）位于四川省阆中市古城西街汉桓侯祠内，是阆中保护最完整的全国重点文物保护单位之一。据《三国志》记载，张飞在担任巴西太守期间，被部将范强、张达刺杀身亡，其遗体被葬于阆中。

图2-4 张飞墓（局部）

张飞墓正前方建有一墓亭，亭内起一石拱券，塑有张飞武像，原为明永乐年间（1403—1424年）铁铸，高1.65米，今为泥塑。张飞墓坐北向南，全用黄沙土垒成，呈椭圆形，东西宽25米，南北长42米，封土堆高8米，宛若一座椭圆形的山丘。墓周全用长方形石条垒成花墙，显得庄重而肃穆。墓地绿树成荫，碧草铺地，环境清幽，是游客缅怀张飞的重要场所。

二、五龙庙文昌阁

五龙庙文昌阁（见图2-5），巍然矗立于阆中市河楼乡白虎村五龙山麓，其历史可追溯至唐代，元至正三年（1343年）得以重修，至今依然熠熠生辉。该遗址占地广阔，达4亩之多。建筑面积虽仅100平方米，却蕴含着无尽的历史韵味，昔日山门、戏楼、厢房与文昌阁相映成趣。遗憾的是，在"文化大革命"期间，五龙庙遭到了严重破坏，现仅存元代文化瑰宝——文昌阁。

图 2-5　五龙庙文昌阁

文昌阁以其全木结构展现着古代匠人的智慧与技艺，苗圩布筒瓦覆盖的单檐歇山式屋顶，让其显得更加古朴典雅。建筑面阔三间，檐柱侧脚经过巧妙设计，增强了结构的稳定性与美观性。前檐下，六铺作斗拱出双挑。第一挑瓜子拱雕呈翼型，轻盈灵动；第二挑华拱则左右各出斜拱，别致而富有韵律感。斗拱用料粗大，梁架举折小，屋面平缓，四根檐柱更是选材精良，彰显着元代建筑的雄伟与精致。

文昌阁不仅继承了宋代《营造法式》中的某些建筑特点，更融入了鲜明的地方特色，其"叉手"用料之罕见，左右次间保留的"草栿"及圆木椽子，均展现出独特的建筑风貌。整个建筑造型优美，大式作法①，与山西五龙庙在形制上有着异曲同工之妙，共同书写着中国古代建筑的辉煌篇章。

三、永安寺

阆中永安寺位于四川省阆中市东南部的水观镇永安寺村，距阆中古城 30~45 千米。这里地处大巴山余脉大仪山系，群山环抱的平坝高地黄泥岗之上，其形似龙头，而永安寺就建在龙头上。由于地理位置相对偏远，没有直达的公共交通，游客可以选择自驾、包车，或者从阆中乘坐到水观镇的客车，下车后再乘坐摩托车到达。

（一）历史沿革

永安寺始建于唐末，又称本觉院。宋英宗治平四年（1067 年），高僧处林

---

① 大式作法是古代建筑中的一种建造方式，主要用于宫殿、庙宇、府邸、衙署、皇家园林等重要建筑。

以慈悲之心，对本觉院进行了精心重修，使其焕然一新。元朝明宗至顺四年（1333年），大殿再次迎来重修，以稳固其作为一方宗教圣地的地位。清乾隆二十年（1755年），观音殿及其两侧厢房在信徒的共同努力下，得以重修，更添几分庄严与肃穆。清道光二十二年（公元1842年），山门迎来了一次重大变革，不仅获得了重修，更将本觉院正式更名为永安寺，寓意着佛法永存、众生安乐。

此后，永安寺在岁月的洗礼中，虽历经风雨，但始终屹立不倒。特别是在1992年3月，以及2008年那场震惊世界的"5·12"汶川特大地震之后，永安寺更是经历了紧急而细致的抢险维修工程，最终在2013年12月，以更加雄伟的姿态通过了竣工验收，再次向世人展示了其不朽的魅力与深厚的文化底蕴。

（二）建筑布局与特点

阆中永安寺占地面积15000平方米，总建筑面积1700平方米。其建筑布局为三进四合院结构，由山门、观音殿、东西厢房和大殿组成。整体布局开合有致，高低错落，建筑单体各具特色。

1. 山门

八字山门三开间，当心间内凹，呈"八"字形，建筑面积52平方米。山门结合了木构架，并在八字墙上开窗。同时，当心间屋面又高起一歇山顶，两旁紧贴较矮的歇山各一间，形成"一主二仆"的中间高两边低的屋顶造型，突出了当心间的入口中心地位。

2. 观音殿

观音殿共二层，上层悬山顶，下层檐周匝二层屋身，似重檐歇山顶，实为楼阁。该殿建于清乾隆年间，底层面阔七间，进深六间；上层面阔五间，当心间进深三间，建筑面积共776平方米。观音殿采用明清时常用的无平坐的通柱式楼阁构架，共24根通柱，以当心间4根最为粗壮。

3. 大殿

大殿立于高0.73米的基座上，单檐歇山，青瓦覆盖，正脊上留有绿色琉璃龙纹脊饰。檐下斗拱疏朗，只在当心间施两朵补间铺作。大殿内部空间宽阔，明间跨度达7.43米。大殿主体结构为元代遗存，是永安寺的核心建筑。

4. 厢房

东西厢房建于清末时期，为佛堂及各类辅助配殿，总建筑面积566平方米。厢房采用穿斗屋架，外部挑檐用穿枋吊柱，简洁轻巧，扩大出檐。檐额及内额与观音殿一样，多用弯料，内额弯料拱顶支撑檩条，防止檩条变形，同时也加强了屋架间的整体联系。

（三）文化价值

阆中永安寺具有较高的历史价值、艺术价值和科学价值。它是四川省为数不多的几座元代建筑之一，是研究四川地区元代建筑的重要实物资料。同时，永安寺也是四川人民出版社出版的《四川通史·第五册》提到的阆中唯一的古建筑。其大殿内的壁画和塑像虽然已毁于"文化大革命"，但我们仍能从中感受到古代匠师的精湛技艺和审美情趣。

（四）保护级别与现状

阆中永安寺于1956年被列为四川省第一批历史及革命文物保护单位，又于1980年重新公布为四川省第一批重点文物保护单位。2001年，阆中永安寺进一步被中华人民共和国国务院公布为第五批全国重点文物保护单位。目前，永安寺得到了有效的保护和修缮，成为游客了解古代建筑文化和历史的重要场所。

阆中永安寺是一座集历史、艺术和科学价值于一体的古建筑，其独特的建筑布局和精湛的建造技艺令人叹为观止。作为全国重点文物保护单位，它将继续承载着对古代文化的记忆和传承，为后人留下宝贵的文化遗产。

四、川北道贡院（阆中贡院）

川北道贡院（见图2-6），又名阆中贡院、四川贡院，位于四川省南充市阆中市学道街，是一座具有深厚历史文化底蕴的古建筑，由山门、廊道、考房、大殿、二殿、后殿和考生宿房组成。现存的卷棚式廊道，纵横50多米，廊道两旁的木栏上带有飞仙椅。左右有两排考室，各室相隔，饰以雕花。整体保护较好，是全国仅存的两处考棚之一。清代考棚，是川北道贡院的俗称。清朝初年，阆中代行四川临时省会17年，在这里共举行了四科乡试。

图 2-6 川北道贡院

川北道贡院为三进庭院式建筑，占地面积 8800 平方米，建筑面积 4800 平方米，主要由外帘和内帘两部分组成。外帘是考区，内帘是阅卷录取区。外帘考区由龙门、十字廊道、至公堂、外帘官办公厅廨和考舍组成。穿过至公堂后面的空庭廊道，进入内龙门，便是主考官和阅卷房官们工作和生活的内帘区。内帘区建有楼阁的四合庭院，有衡文堂、明远楼、内帘官办公房、阅卷房、会经堂等建筑。

川北道贡院坐北向南，以三门（大门、仪门、龙门）、一楼（明远楼）、三堂（至公堂等）等主体建筑共同组成中轴线，贯穿贡院的四大功能区域，并遵循左右对称的原则。三道大门此呼彼应，逐渐营造出贡院的威严与神秘感。

（一）历史沿革

川北道贡院始建于清朝初年，当时清廷以阆中为四川临时省会，并在阆中设置贡院举办乡试。乾隆、道光、咸丰、同治年间，贡院不断增修考试房舍等建筑，规模逐渐扩大。清嘉庆二十二年（1817 年），川北道黎学锦[①]率领属下对贡院进行了修葺，进一步巩固了其作为科举考试场所的重要地位。光绪三十一年（1905 年），科举制度废除后，川北道贡院先后被改为学校、驻军地等，历经变迁。1956 年，川北道贡院改建为阆中县委招待所。1959 年，为扩建阆中县委招待所，有关部门拆除了贡院的后院和殿堂，仅保留了前院部分。1986 年，四川省文物普查队发现川北道贡院为清代科举试场，并将其申报为省级文

---

① 〔清〕黎学锦（1776—1838），字云屏，生于大围堤（今围堤湖乡）一处富豪人家。

物保护单位。此后,川北道贡院经过多次修缮和恢复,逐渐成了一处重要的历史文化景点。

(二)建筑布局与特点

川北道贡院坐北向南,占地面积8800平方米,建筑面积4800平方米。贡院由考生考试区和生活办公区两部分组成,前院是考场,后院是斋舍,四周是号房。贡院内有大门、龙门、考棚、至公堂、明远楼等主要建筑,这些建筑共同构成了贡院的主体。贡院的建筑布局严谨,设计精巧,体现了古代科举考试的严肃性和重要性。

(三)主要建筑及功能

1. 龙门

川北道贡院大门内设有龙门(见图2-7),是考生进入考场的入口,寓意"鲤鱼跃龙门",象征着考生希望通过科举考试实现仕途上的飞跃。从龙门一直往前走是一条"十"字形廊道,廊道两边设置有长背木椅,供考生休息候点。廊道末端是楼亭殿堂中的至公堂。

图2-7 龙门

2. 至公堂

至公堂(见图2-8)内供有孔子像,是主考官监临之所,体现了科举考试对儒家思想的尊重。至公堂两侧各有正厅三间,是内帘考官监临和批阅考卷之所。

3. 号房

川北道贡院号房(见图2-9)按天、地、玄、黄等编号,每间号房有进出小门一道。与大门相对的正厅是一楼一底的殿堂，为考官唱名、发卷、监考之所。

图 2-8　至公堂

图 2-9　号房

4. 明远楼

明远楼为 2006 年复建。按照明清规制，其本应建在贡院龙门与至公堂之间，但由于二者距离过近，因此将明远楼建在了内帘衡文堂之上。明远楼是贡院内的标志性建筑之一，用于监视考场情况，确保考试的公平与公正。

（四）文化价值与意义

川北道贡院是中国规模最大的科举文化博物馆之一，是研究中国古代科举建筑、科举制度和古代教育制度的重要实物资料和展示场所。贡院保存了大量的科举考试文物和史料，如清代衣装、应试考物等，为游客提供了了解古代科举文化的窗口。贡院还承载着丰富的历史和文化内涵，是阆中古城的重要组成部分，也是中国古代科举制度的重要遗产。

五、滕王阁

阆中滕王阁位于四川省阆中市张飞北路，地处阆中古城北面嘉陵江边玉台山半山腰，同南昌滕王阁一样，由唐高祖李渊第二十二子滕王李元婴①主持建造。

---

① 〔唐〕李元婴（628—684），唐高祖李渊之二十二子，唐太宗李世民之弟。唐朝宗室，大臣。

(一)历史背景

滕王阁由唐高祖李渊的第二十二子、唐太宗李世民的弟弟滕王李元婴所建,是他在思念故地滕州时修建的行宫之一。唐高宗调露元年(679年),滕王李元婴任隆州(今四川阆中)刺史,大修宫殿高楼,称为"阆苑",后在城北嘉陵江畔的玉台山建造了玉台观和滕王亭。清朝时期,阆中滕王阁曾分为滕王亭和玉台观两个部分,后来合称为滕王阁。1949年时,滕王阁仅存部分台基及数间破屋,滕王阁后的颐神、慈氏二洞及摩崖题刻依旧保存完好。1986—1987年,当地政府根据历代诗文对滕王阁进行了重建,并配以石坊、石桥、长廊、亭台,将其开辟为滕王阁公园(见图2-10)。

图2-10 滕王阁公园

(二)建筑特色

滕王阁景区占地面积约100余亩。滕王阁由玉台山庄和滕王阁主阁建筑构成,主阁建筑岿然屹立于叠级屋台之上,高3.6米的石基上托举着24根朱红巨柱,撑起层楼,形成了一座歇山式双重檐屋顶的仿古建筑。阁东有一座西方亭,亭侧是一排近百米的摩崖长廊,长廊内有唐宋时期开凿的颐神和慈民两大石窟,石窟内有杜甫、黄庭坚、陆游等历代文化名人游览阆中滕王阁时题咏的诗文石刻。

（三）主要景点

1. 滕王石塔

滕王石塔距今已有 1300 多年历史，是全国重点文物保护单位。石塔为唐代建筑，雕刻精美，因其无论从哪个方向看都是倾斜的，故被文物专家称为"唐代斜塔"。

2. 滕王亭

滕王亭摩崖题刻上刻的是杜甫所写的《滕王亭子二首》。当年杜甫来到阆中滕王亭后留下了这两首诗，现用草书的形式刻在了墙面上。

3. 滕王阁大殿

滕王阁大殿坐北朝南，是仿唐真三假五层楼阁式建筑，通高 31 米，屹立于叠级屋台之上，24 根朱红巨柱，托举层楼，琉璃重檐，壮丽典雅。大殿内，有滕王李元婴的石雕像。

4. 唐代佛塔

该塔矗立于四方形塔基之上，塔基雕刻着精致的四瓣梅花形须弥座，展现出一种古朴而典雅的气息。塔身则呈现出覆钵形的独特造型，线条流畅而优美。在塔身的正中位置，开设了一个船形的龛室，内部雕刻着一尊佛像，佛像结跏趺坐于莲台之上，神情肃穆而庄严，仿佛在静静地守护着这片土地。

塔顶装点着精美的塔刹，刹基分为两层。下层巧妙地雕刻了八位石雕力士，他们身姿矫健，合力举托着刹身，展现出无穷的力量与坚韧。上层则是一个六方柱形的结构，每个方向都开设了一扇昆门，门内各雕刻着一尊佛像，佛像姿态各异，但都显得慈祥而庄严。

塔刹的顶部呈现出火焰纹状，象征着佛法的无边无际和永不熄灭。整座石塔高达 8.25 米，历经沧桑岁月，但保存得基本完整，依然屹立在原地，成了这片土地上的一道亮丽风景线。无论是从艺术价值还是历史价值来看，这座石塔都堪称一件不可多得的瑰宝。

六、锦屏山

阆中锦屏山位于四川省阆中市城南郊，为国家 4A 级风景区，濒临嘉陵江，是中国历史文化名城阆中的重要组成部分。因有"花木错杂似锦，两峰连列如屏"之誉，故被人们称为锦屏山。

(一)自然风光与气候

锦屏山海拔 480 米,面积 20 多平方千米,山势独特险峻,花木似锦,山峰连列如屏,世称锦屏。景区内自然风光秀丽,四季皆宜游玩,又因其属于温带季风气候,夏季尤为凉爽宜人,故是游客乘凉避暑的理想之地。

(二)人文景观与历史

锦屏山拥有丰富的人文景观和历史文化遗产。唐朝以前曾在此建有玛瑙寺、杜陵祠、锦屏书院等建筑,明代又增建了望江楼等 7 座楼阁以及吕祖殿、观音殿、武侯祠、飞仙洞等庙宇僧舍,使得锦屏山得以汇儒释道于一体。杜甫、李商隐、吴道子、陆游等诗人画家曾相继到锦屏写诗作画,抒发情怀,杜甫还曾赞之曰"阆州城南天下稀"。

(三)主要景点与设施

锦屏山园林共占地 1200 多亩,修建楼台亭阁 10000 余平方米。其主要景点包括张宪祠、九曲长廊、吕祖殿、八仙洞、飞仙楼、杜工部祠堂、放翁祠、碑林、儿童乐园、动物园等。碑林内重要碑刻有张飞的《立马铭》、吴道子的《行道观音》等,具有很高的艺术价值和地方历史文化研究价值。山上还有魁星楼,又名魁星阁,始建于明末清初,后经过多次重建,现为高 36 米的四层琉璃瓦高楼。登临环望,云山四合,脚下碧流行舟,波光照影,行人如在画图中。

阆中锦屏山以其独特的自然景观、丰富的人文资源和完善的旅游设施,成为一处集观光、休闲、度假、会议、科考和健身于一体的旅游胜地。无论是想要亲近自然、感受历史文化还是寻找休闲娱乐的游客,都能在这里找到满意的答案。

七、巴巴寺

阆中巴巴寺是一座具有深厚历史文化底蕴的清真寺。巴巴寺位于四川省阆中市城区东郊,地处蟠龙山南麓,占地面积 1.3 万平方米。该寺始建于清康熙二十八年(1689 年),由穆罕默德第二十九代裔华哲·阿卜董拉希的弟子在其归真后所建,用以保护其墓地(拱北)并表以纪念。

（一）历史沿革

清康熙二十三年（1684年），穆罕默德第二十九代裔华哲·阿卜董拉希到阆中传播教义。康熙二十八年（1689年），他归真于阆中，弟子祁静一遵其遗愿建造巴巴寺，主体建筑包括大殿、山门、照壁等。康熙四十九年（1710年），贝勒延寿立"清修"匾额。乾隆十三年（1748年），重刻《先师碑记》并镌刻诗文。20世纪80年代，阆中县人民政府重修巴巴寺。2008年"5·12"汶川特大地震后，阆中市人民政府按"修旧如旧"原则进行了抢救性维修。2009年1月1日，巴巴寺正式对外开放。

（二）建筑特色与布局

巴巴寺建筑面积共1800平方米，由牌坊门、墓林、山门、照壁、木牌坊、"久照亭"大殿、拱北（墓地）、礼拜堂、潜花厅、井亭、朝神者住室以及阿訇生活区等部分组成。

巴巴寺是一组融合了中国传统木结构建筑和伊斯兰教建筑特色的清早期建筑群，其布局精巧、装饰典雅精美。

其中，山门为木石结构，呈"八"字开，正面悬有"久照亭"匾额，镂空雕刻，工艺考究，目前已有260余年历史，被誉为"镇寺之宝"。

"久照亭"大殿为巴巴寺的中心建筑，高大雄伟，富丽堂皇，是教众纪念先贤的拜谒之地，也是传教、管理教坊、行教及举行重大宗教活动的主要场所。大殿为双檐多角攒尖式的"明四暗八"结构，即屋顶外形为四方形，室内藻井为八边形穹顶。此外，照壁、券拱门、木牌坊等建筑也各具特色，雕刻精美，富有艺术价值。[①]

（三）历史文化价值

巴巴寺不仅是一处宗教圣地，而且是展现伊斯兰教建筑艺术及其砖雕特色的一颗璀璨明珠。巴巴寺是阆中回族和汉族相互融合、相互团结的历史见证。每年都会有陕甘的噶德勒夜教派弟子来阆中为华哲·阿卜董拉希守墓，并有陕甘回民来阆中朝拜巴巴寺，这促进了阆中及川北一带经济文化的发展。同时，巴巴寺也是阆中古城重要的历史文化景点，吸引了众多游客前来参观游览。

---

① 参见余燕：《清代伊斯兰教寺庙园林——阆中巴巴寺》，《四川建筑》，2011年第2期，第32~34页。

（四）保护与维修

巴巴寺在历史上曾多次进行过保护和维修。20世纪80年代，阆中县人民政府对巴巴寺进行重修。2008年"5·12"汶川特大地震后，巴巴寺内部分建筑受到损坏，阆中市人民政府按照"修旧如旧"原则进行了抢救性维修。

（五）荣誉与地位

1983年，阆中县人民政府将巴巴寺设立为县级文物保护单位，并建立了巴巴寺管理委员会。1994年，南充市人民政府公布巴巴寺为南充市级文物保护单位。1996年，四川省人民政府公布巴巴寺为省级文物保护单位。2013年3月5日，中华人民共和国国务院公布巴巴寺为第七批全国重点文物保护单位。

阆中巴巴寺是一座具有深厚历史文化底蕴、独特建筑风格和重要历史文化价值的清真寺，是阆中古城的重要景点之一。

八、落下闳故居

落下闳故居，又称星座苑、落下闳纪念馆、"春节老人"的家。落下闳故居是为纪念世界杰出的古天文历算学家、"春节老人"落下闳而复建的一座串珠式二进民居院落，位于四川省阆中市古城核心保护区内。

（一）故居布局与展览

落下闳故居坐北朝南，占地面积约400平方米，房屋21间，均为木质穿斗结构，雕花门窗，青瓦屋面。2006年1月29日正式对外开放，供游人参观瞻仰。

走入正厅，首先映入眼帘的是落下闳的坐像，这一坐像是由阆中籍著名雕塑家伍明万教授亲自创作完成的。坐像上方悬挂一方匾额，上面是宋代大书法家米芾[1]的集字"炳曜千秋"，意在盛赞落下闳的功业。故居内布置了多间展室，着重介绍了落下闳的生平事迹、主要成就和伟大精神。

---

[1]〔北宋〕米芾（mǐ fú）(1051—1107)，字元章，号襄阳漫士、海岳外史、鹿门居士，北宋书法家、画家，书画理论家。祖籍太原，迁居襄阳。

（二）人物简介

落下闳，复姓落下，名闳，字长公，西汉时巴郡阆中（今四川阆中市）人。他是世界杰出的古天文历算学家，被誉为"中国春节老人"。少时，落下闳在乡间，醉心于天象观察，后在家乡小有名气，经同乡、太常令谯隆和太史令司马迁推荐，被汉武帝征召入京，与当时的官家天文学家唐都、邓平一起研制历法。此历被汉武帝采用，于"太初元年"（前104年）颁行，故称其为"太初历"。这是我国历史上第一部有完整文字记载的历法，在历史上有着极其重要的地位。落下闳在天文学、数学、农学上的一系列开创性的贡献，现已被海内外学术界公认，英国科技史学家李约瑟称他为"中国天文史上最灿烂的星座"。

2004年9月16日，经国家天文学联合会小天体提名委员会批准，中国科学院国家天文台将其发现的国际永久编号为16757号小行星命名为"落下闳星"。从此，落下闳真正成为一颗璀璨星座，永恒地闪耀在夜空中。

（三）人物贡献

1. 编制《太初历》

这是我国第一部有完整文字记载的历法，在历史上有着极其重要的地位。这部历法以其精确性和科学性，远超其他17家，被汉武帝采纳并颁行。为了表彰落下闳的功绩，汉武帝曾授予他侍中之职，但他却婉言谢绝。这一事迹不仅彰显了落下闳的卓越才华，更体现了他淡泊名利的高尚品质。

2. 提出浑天学说

落下闳还提出了浑天学说，创制浑仪（包括浑天仪和浑天象），形象地展示了宇宙模型，并通过长期观测和科学运算，用事实论证了浑天说理论和天体运行规律。这一成就不仅是对盖天说的有力否定，更是对天文学发展的巨大推动。

3. 发明通其率

在数学方面，落下闳同样有着卓越的贡献。他发明了"连分数（辗转相除）求渐进分数"的方法，并将其定名为"通其率"。这一算法比印度数学家爱雅哈塔早600年，比意大利数学家朋柏里早1600年，对中国天文数学的发展产生了深远的影响。

4. 确立正月为岁首

落下闳还确立了以孟春正月为岁首的历日制度，这一变革使得人们将正月初一称为"元旦""新年"，民间习称"过年"，并有了"春节"的说法。这一创举不仅方便了人们的日常生活，更奠定了春节这一传统节日的基础。因此，落下闳也被尊称为"春节老人"。

落下闳还第一次将二十四节气纳入历法，这一做法不仅奠定了春节的基础，更对农业生产和人们的日常生活作出了巨大贡献。对当时以及后世都产生了深远的影响。

故居的每一间展室，都通过丰富的文物、图片和文献资料，生动地再现了落下闳的辉煌成就和伟大精神。这些珍贵的展品不仅让人们更加深入地了解落下闳的生平事迹和贡献，更激发了人们对科学、对文化的热爱和追求。

总之，落下闳故居是一座集纪念、展览、旅游于一体的综合性文化场所。它不仅是了解落下闳生平事迹和贡献的重要窗口，更是传承和弘扬中华优秀传统文化的重要阵地。在这里，人们可以感受到落下闳的卓越才华和高尚品质，也可以领略到中华文化的博大精深和独特魅力。

（四）人物影响

《太初历》颁布之后，汉武帝深感落下闳之才，欲封其为侍中，以示嘉奖。然而，落下闳却婉言谢绝，毅然选择回归故乡阆中，继续投身于他挚爱的天文学研究，并将自己的渊博知识传授给后世子孙。

在他的影响下，汉唐时期的阆中逐渐崛起为我国古代天文学研究的重要中心，汇聚了众多天文学领域的杰出人才，犹如群星闪耀，熠熠生辉。

西汉末年，阆中这片土地上诞生了著名天文学家任文孙、任文公父子，他们承前启后，为天文学的发展作出了重要贡献。三国时期，周舒、周群、周巨祖孙三代天文学家更是将阆中的天文学研究推向了一个新的高峰，他们的住宅所在街道至今仍被命名为"管星街"，阆中由此成为天文学研究的圣地。

唐代，天文学家、风水大师袁天罡、李淳风也慕名而来，定居阆中，共同研究天文、数学等学问，并最终在阆中度过了他们的晚年。为了纪念这两位伟大的天文学家，时人便修建了天宫院、淳风寺等建筑，它们和袁天罡墓、李淳风墓等遗迹一起成为阆中风水文化旅游的重要朝圣点和体验地。

从联合国教科文组织的纪念会，到国际天文组织以"落下闳"之名命名小行星，再到各类辞书、典籍、方志的记载，以及报纸杂志和影视作品的广泛宣传，落下闳这位世界杰出科学家的名字已深深镌刻在了人们的心中。

对于这位伟大的天文学家,阆中人民更是倍感自豪,他们万分珍惜落下闳为家乡带来的荣誉。为了纪念他,阆中人民不仅建起了观星楼,还将七里新区的一条大道命名为"长公大道",复建了"星座苑",创办了"春节老人"网站,发行了落下闳纪念章等。这些举措不仅是对落下闳的深切缅怀,更是要将他作为持续学习的榜样,让这位伟人的光辉形象永远闪耀在阆中人民的心中。

九、阆中大佛寺

阆中大佛寺位于四川省阆中市,是一座历史悠久的佛教圣地,其融合了自然风光、名胜古迹、宗教文化和神州传说,对五湖四海的游客而言都极具吸引力。

(一)地理位置与历史背景

阆中大佛寺(见图2-11)位于阆中市七里镇状元村,距阆中古城约10公里,坐西向东,背靠山,面向江。

图2-11 大佛寺

大佛寺始建于唐朝末年,初名大像寺,宋时敕名永安禅院,明代恢复旧名,俗称大佛寺。寺院历经多次修缮和扩建,至明末清初达到鼎盛阶段,但于晚清一度衰败,现存寺庙是1991年重建的。寺院占地面积60000平方米,以大佛,即释迦牟尼尊像为主要景点。据崖龛内壁刻记于唐元和四年(809年)的《东山大像精舍何居士记》可知,此佛为何居士凿刻,距今已有1100年历史,是四川十大坐佛之一。

（二）主要景点

1. 大佛

大佛寺的主要景点是一尊高达 9.88 米的释迦牟尼坐像（见图 2-12），这尊佛像由阆中人何居士于唐代宗末年、德宗初年凿刻。佛像高 9.88 米，头戴螺髻，身着鎏金仙衣，胸口袒露，衣褶流畅逼真，脚踏莲台，左手平放膝上，右手向前屈伸，中指与拇指微掐，一双凤眼，眼帘低垂，高鼻、大耳，嘴唇微合，整体仪容严肃温和，端庄慈祥。

佛像上部建有三层阁楼，檐飞角挺，顶盖筒瓦，为佛像增添了庄严气氛。中阁供奉玉皇大帝，意指玉皇休息处，故得名回銮寺。大佛脚下有供桌、蒲团，右侧桌子后面有一位僧人。因被红布条隔开，故一般人不得入

图 2-12 释迦牟尼坐像

内，仅能在外跪拜或随喜功德。佛前有水井，水清味甜，被视为圣水。大殿则为僧众念经、说法场所。据石壁残碑记载，大佛为元时凿造，已有 700 年历史，是弥勒尊佛，居县内寺石佛之首。而参考唐元和四年（809 年）《东山大像精舍何居士记》则可以发现，此佛实为唐时何居士凿刻。何居士移居此地，亲手雕凿崖峦 20 余年，造就一处清净地。五代时，大佛身后添刻小佛 4000 余尊。宋、元时，分别对大佛及小佛作了彩妆和金身贴饰。宋时，大佛寺受敕得名永安禅院，后避讳改为福昌院，明代复称大像寺，亦称大佛寺。现存寺庙为 1991 年重建。大佛旁有观音像两尊，右侧有石窟两龛，内有经幢和佛像，及历代石刻多处，共延展 150 余米。其中，又以宋徽宗御批敕牒等石刻最为珍贵。此外，左侧摩崖上还刻有"虎溪"二字，传说唐代医学家孙思邈曾在此治好一只病虎，此地遂有"虎溪"之名，今更置药师庙，以作纪念。

2. 摩崖造像与石刻

大佛右侧有石窟 2 龛，内有经幢和佛像，包括唐、宋摩崖造像 5 尊，陀罗尼经幢 1 处，另有唐、宋、元、明、清历代石刻 24 处，凿崖五穴墓 1 处，风化摩崖石刻不可辨认者尚有 10 余处，共延展 150 余米。这些摩崖造像和石刻是研究佛教文化和历史的重要资料。

3. 文化传说与会期

大佛的由来有多种传说,其中一个版本是为镇压嘉陵江水患而建。此外,还有关于药王孙思邈在此采药治愈老虎并留下"虎溪"美名的传说。这些传说为大佛寺增添了神秘色彩和人文魅力。

大佛寺的会期以每年农历二月初八的大觉会最为热闹和重要。据说这天是大佛落成揭纱点睛的日子,大佛从"大彻""大悟"到"大觉",走向了佛家修身养性的最高境界。此外,四月初八佛的诞生日、二月初八的下发出家日、腊月初八的得道成佛日以及二月十五的入涅(即死)日等,都是大佛寺的重要会期。

大佛寺香火旺盛,游人众多。门前对联"一方生态菩提万株结善果,百世佛缘钟鼓千里送梵音"笔力遒劲,耀人眼目。殿内香烛灯火,昼夜不灭。僧徒朝钟暮鼓,木鱼声声,念经诵佛,虔诚膜拜。一遇会期,居士前往,游人如织,殿前人山人海,水泄不通。

十、观音寺

阆中观音寺是一座历史悠久的佛教寺庙,位于四川省阆中市公园路街北侧。

(一)历史沿革

阆中观音寺前身为唐代开元寺。明弘治九年(1496年),寿王祐封藩保宁,在西城修建王府,将明初建成的观音寺拆迁重建到当时遭毁的开元寺旧址,观音寺取代开元寺成了巴西地域内最大的一座佛教寺院。民国时期,观音寺藏经楼毁于大火。中华人民共和国成立后,观音寺被售给保宁醋厂做厂房,部分附属建筑被毁。1966—1976年,观音寺内两尊大头坐铜佛像被毁。[①]

(二)寺庙规模与建筑

阆中观音寺占地面积3500平方米,总建筑面积616.6平方米。寺庙坐北向南,由沿中轴线自南向北依次分布的天王殿、罗汉殿、大雄殿三大殿组成的明代木结构建筑群和松花井构成。

---

① 参见李志杰:《民间建筑》,四川人民出版社,2016年,第29~30页。

寺庙建筑主要采用穿斗抬梁混合式结构，重檐歇山式屋顶，青瓦屋面。原观音寺曾留有山门、照壁、厢房、藏经楼等建筑，现仅存三大殿及松花井，整体布局主次分明、建筑结构稳定，具有显著的明代建筑形式和结构特征。

（三）文物遗存

1. 松花井

松花井开凿于唐武德四年（621年），是开元寺及观音寺历代僧人的取水场所，造型美观，水源丰裕，又有"八角镜"之称。[①] 松花井水质甘洌，晶莹透明，用此水酿造的"保宁醋"也成为当地特色产品。

2. 藏经楼

洪武年间曾于该楼内藏经800余卷，但民国初年不慎失火，藏经楼及所藏佛经均化为灰烬。

3. 化身窑

化身窑即寺僧之火葬场，位于阆中观音寺内西北隅。正面甃石为"八"字墙，中央设圆券门。门内之室，呈平面圆形。中央砌沟道，通至门外。室顶复设圆洞一处，以泄烟。

（四）历史文化价值

阆中观音寺较为完整地保留了明代木结构的法式特征，是研究明代木结构建筑的重要实物资料，具有重要的研究价值。

阆中宗教文化源远流长，自古以来，道教、佛教、伊斯兰教、天主教、基督教在境内长期传播，宗教文化成为阆中历史文化的重要组成部分，而观音寺为我们更深入了解阆中佛教文化提供了窗口。

明清时期，阆中观音寺为川西最大佛教丛林，殿前尚有宰相严嵩所书"佛都"二字的匾额。

（五）文物保护

2001年12月27日，阆中观音寺被四川省人民政府公布为第六批省级文物保护单位。2013年3月5日，阆中观音寺被中华人民共和国国务院公布为第七批全国重点文物保护单位。

[①] 参见丁援、宋奕：《中国文化线路遗产》，东方出版社，2015年，第18页。

阆中观音寺是一座具有深厚历史文化底蕴和建筑艺术价值的佛教寺庙，值得游客和研究者前来参观和探索。

十一、老观镇

阆中老观镇，隶属于四川省南充市阆中市，是一个充满历史韵味和文化底蕴的古镇。其地处阆中市东北部，东与广元市苍溪县接壤，南连石滩镇，西邻文成镇，北接白驿镇，距阆中市城区 45 千米[①]，区域总面积 120.44 平方千米[②]。

（一）历史沿革

老观镇历史悠久，据史志记载，老观场场址原为古奉国县城的遗址。南朝梁武帝天监八年（509 年）在此置白马义阳郡，西魏时期改白马义阳郡为白马郡并置奉国县，以此地始附于魏，故以奉国为名。后历经唐宋等历史时期，至今已有 1500 年历史。

老观镇在第二次国内革命战争时期成为川陕革命根据地和苍溪县苏维埃政府所在地，拥有丰富的红色文化资源。

（二）景点设置

老观古镇是老观镇的核心景点，拥有保存完好的古建筑群和古街，以及红军在老观的战斗遗迹等历史文化、革命文化资源。

老观镇地势西高东低、南高北低，境内最高点位于老君山，该山海拔 840 米，是游客登高观景的好去处。

此外，老观镇还有奉国寺遗址、古粮仓、古栅门等历史遗迹，以及谯玄庙（虽已不存，但名字融入地名谯庙子村）、玉皇庙、娘娘庙等宗教建筑，都值得游客探访。

（三）人文艺术价值

老观镇民俗文化丰富多彩被誉为"中国民间文化艺术之乡"，其灯戏文化

---

① 参见中华人民共和国民政部编，李立国总编：《中华人民共和国政区大典·四川省卷》，中国社会出版社，2016 年，第 2877~2878 页。
② 参见国家统计局农村社会经济调查司编：《中国县域统计年鉴（乡镇卷）2020》，中国统计出版社，2021 年，第 488 页。

浓郁，有"灯戏窝子"的美誉。其中"亮花鞋"灯戏曾亮相2018年央视春晚，并于2019年获第十二届中国艺术节第十八届群星奖。

老观镇的特色美食也颇具风味，诸如奉国米豆腐等，都是游客不可错过的美味。

（四）文物保护

2005年9月，老观镇被建设部、国家文物局命名为"中国历史文化名镇"。

近年来，老观镇不断加强基础设施建设，完善公共服务和文化旅游要素，培育特色产业，加强环境整治和智慧乡镇建设。依托老君山景区和老观古镇等自然、历史、文化资源，老观镇将旅游业作为发展的龙头，吸引了大量游客前来观光。

老观镇还积极发展现代农业和特色产业，如建成岳林垭村产业示范区等，为当地经济发展注入了新的活力。总而言之，阆中老观镇是一个集历史文化、自然景观、民俗文化和特色美食于一体的古镇，是游客探访古蜀文化、领略自然风光和品尝美食的好去处。

十二、中天楼

中天楼（见图2-13），又名四排楼，始建于唐朝，具有悠久的历史背景。民国年间被拆毁。2006年，当地政府按照"修旧如旧，恢复其历史原貌"的原则，在原址上进行了重建。

2008年国庆前夕，中天楼正式对外开放，成为游客探访阆中古城的重要景点。

中天楼为三层明清风格木楼，底层四通，楼高25米，宏伟壮丽，气势夺人。楼体采用穿斗抬梁混合式结构，重檐歇山式屋顶，青瓦屋面，具有显著的明代建筑形式和结构特征。每层楼檐下挂有题字的匾额，如"上善若水"等，彰显其文化底蕴。每层楼面四周均有游廊，供游客凭栏远眺，

图2-13 中天楼

欣赏古城美景。中天楼为阆苑十二楼之一，有"阆中风水第一楼"的美誉。

中天楼是阆中古城的风水坐标和地理中心，古城的街道就是以它为轴心呈"天心十道"而向四面八方次第展开的，其北通北街、南通双栅子街、西通西街，东通武庙街。古人在为中天楼选址时非常讲究，他们通过测量，计算出阆中古城四周东西和南北走向山脉最高点在天空中的交汇处映射到地面的位置，并在此修建了中天楼。登上楼顶，视野开阔，古城的风水格局尽收眼底。

中天楼作为阆中古城的标志性建筑，不仅体现了古城的建筑风格，更是其城市底蕴的象征。

十三、阆中李家大院

阆中李家大院（又称李家桂花大院），位于四川省南充市阆中市武庙街47号。始建于明正德年间，现存房间数量40余间。

（一）建筑特色

李家大院坐北朝南，前店后寝，呈串珠式三进三重格局。该院落具有典型的明代建筑风貌，厅堂高大，结构古朴，门窗雕花纹饰精美，室内陈设雅致。院内几株大桂花树香溢四邻，增添了雅致氛围。同时，大院屋檐下的灰空间形成独特的商业空间，延伸了店铺与街道的融合感。

（二）历史文化价值

李家大院由湖北孝感李族在明正德年间所建，是阆中现存最久的民居院落之一。大院内的门匾由中国书法协会副主席、四川省书法家协会主席何应辉所书。大门临街方向的文武财神撑拱（俗称牛腿）雕刻精美生动，人物栩栩如生，为存世之精品，寓意"招财进宝""财运亨通""财源广进""生意兴旺"。大门正对的武庙街，是古城的交通干道和商业繁华之地。大院沿街布置商业店面，曾设有阆中知名老字号李家"同心堂"中药房。

位于前天井的大石水缸造于清嘉庆六年（1801年），为主人后代进学时设立的标志性纪念物，说明了主人对教育求学的重视与希望。水缸沿口上刻有文字"有书不读子孙愚"，至今仍清晰可见。

中天井莲花纹大水缸与前天井石水缸的制作年代相同。两个石水缸均为元宝型，刻纹简朴大方，做工大器庄重，蓄水量达数十担，除备水防火功能外，还含有聚宝、稳定、安全、高洁、祥和的意思，显示了其别具一格的风格特征。

十四、阆中圆觉寺

阆中圆觉寺（又名显法寺），是省级文物保护单位，坐落于彭城镇圆觉村赐绯山麓，距阆中市 15 千米。其始建于唐初，由李淳风为唐太宗所建，以镇压西南"王气"，后毁于战火，明洪武七年（1374 年）重建，赐名法显寺，清乾隆年间再建。现存大殿和禅房，占地面积 3300 平方米，为清代建筑。大殿设有星神车，为占卜岁星吉凶所用。历史上，圆觉寺曾一度比成都昭觉寺更有名气，尽管时过境迁，二者的地位已今非昔比，但圆觉寺的盛名和传说仍吸引着游客前来参观。

（一）建筑布局与现状

圆觉寺位于嘉陵江畔，青山绿树环抱，钟声悠扬。其原有山门、藏经楼、厢房、禅房等建筑，现仅存大殿和禅房，为明代建筑，总面积 368 平方米。大殿为双重檐歇山式屋顶，檐下用六铺作斗拱，斗拱用材有度，面阔五间 23.3 米，进深四间 15.8 米；素面台基高 1.3 米。

大殿二梁上装有星神车一架，人立其上用力推动，车轮旋转若飞，久而后停，以其所定之方向占岁星吉凶，故称星神车。

（二）文化传说与价值

传说一：唐太宗为了稳固江山社稷，派袁天罡、李淳风探测西南方向的王气，并在阆中修建圆觉寺以镇压王气。

传说二：唐太宗李世民的掌印夫人陈氏娘娘身染重病，太宗派遣官员和军士在西南方向为其建宫设寺，以减轻病痛折磨，圆觉禅寺的九庵十八殿便是在此背景下建造起来的。

圆觉寺不仅是一处宗教圣地，更是一座石刻艺术的宝库。寺内遍布着历代高僧大德及能工巧匠留下的精美石刻，具有深厚的文化底蕴和艺术价值。它不仅是阆中市重要的文化遗产和旅游景点，更是中国传统文化和建筑艺术的重要载体。

十五、玉台山石塔

玉台山石塔（见图 2-14）位于四川省阆中市保宁镇北的玉台山山腰上，是一座保存较为完好的唐代舍利式石塔，推断为唐人所建。

（一）建筑特点

玉台山石塔呈舍利式圆柱形，重檐叠柱，约有 9 层之高。通体灰白，除坐佛、花盘、纹饰等大件雕刻尚能完整显示原貌外，部分嵌刻的细小石纹已被风蚀。石塔高约 8.6 米，分为塔基、塔身和塔刹三个部分。石塔全部采用本地砂岩石料构成，结构合理，雕刻丰富。

图 2-14 玉台山石塔

塔基高 3.0 米，由两层平面的梅花瓣式方形须弥座重叠组成。须弥座上下刻仰、覆莲瓣纹，束腰部分浮雕仙草、瑞兽，并有部分为镂空雕。塔基四面，分别抹角，呈四瓣梅花状。

塔身高 2.2 米，为覆钵形。覆钵正中朝南开一船形龛，龛内浮雕结跏趺坐佛像一尊，双手结印，身着袈裟，在左胸上铸以一玉环使袈裟前后相结。

塔刹高 3.4 米，由两层刹座和塔刹两部分组成。第一层刹座刻浮雕力士一周，第二层刹座平面呈六边形，每面刻浮雕佛像一尊，均结跏趺坐。塔刹由一高 130 厘米、厚 20 厘米的石板做成，呈桃形，立于塔顶。

（二）历史沿革

据阆中县志记载，唐时滕王李元婴守阆，因慕山上佳景，于玉台山上修台筑亭，后人称滕王亭。石塔正建于亭前。

在清道光元年（1821 年）的木刻板画"阆苑十景"之一的"玉台积翠"图上，滕王亭前有石塔三座，现仅存其一。1986 年，第二次全国文物普查时，四川省文化厅对玉台山石塔进行了全面调查，并将其列入不可移动文物，加以重点看管保护，2006 年被列为全国重点文物保护单位。

2008 年"5·12"汶川特大地震中，玉台山石塔塔身变形，塔刹震落、损毁。2010—2011 年，当地政府规划实施了玉台山石塔抢险保护工程，对石塔文物建筑进行了纠偏、加固保护，并修建了遮雨亭以减少雨、雪、日照等对石塔文物的破坏。

(三) 文物价值

玉台山石塔是一座融合了佛教建筑形式与中国楼阁建筑形式的唐代石构建筑，建筑比例适度，结构合理，历时 1000 余年仍屹立不倒，具有重要的科学研究价值。

玉台山石塔是四川不多见的唐代喇嘛式佛塔，塔身造型、装饰及造像特征明显，对佛教建筑的传播和佛教文化的研究有重要意义。整个石塔造型线条优美，装饰纹饰及造像逼真，在装饰技术上，将线刻浮雕、镂空雕多种技法并用，具有较高的艺术价值。

玉台山石塔作为一座保存较为完好的唐代舍利式石塔，不仅是阆中市的重要文化遗产和旅游景点之一，更具有极高的科学研究、佛教文化、艺术和文物价值，吸引着各地游客前来观摩、学习。

十六、华光楼

华光楼（见图 2-15），又称古镇江楼，位于四川省南充市阆中市南上华街南端，始建于唐代，现为清同治六年（1867 年）的重建遗存，占地面积 600 平方米，建筑面积 150 平方米。华光楼被誉为"阆苑第一楼"，是阆中古城的标志性建筑。2002 年 12 月 27 日，华光楼被四川省人民政府公布为第六批省级文物保护单位。

图 2-15　华光楼

(一) 建筑格局

华光楼位于阆中古城的上华街和下华街交界处，紧靠嘉陵江，正对南岸南津关连峰楼，占地面积600平方米，建筑面积150平方米。

华光楼是一座过街门楼，楼身建于6米高的石砌台基上，通高36米，共4层，三重檐歇山式屋顶。楼的檐、枋、斜衬雕以飞禽走兽，并施彩绘，顶覆绿色琉璃筒瓦，屋脊装饰繁复，正脊中的火焰宝球顶高达3米，12支翼角高高翘起。

楼层间配有梯道可登，每层均有回廊，游人可凭栏远眺。华光楼下原有浮桥接通南津关渡口，将两岸相连，构成交通孔道。

(二) 历史沿革

唐高宗调露元年（679年），滕王李元婴任隆州刺史时，在阆中城南临江修建了"南楼"，后毁于火灾。明代复修南楼，并改称其为"镇江楼"。清道光十九年（1839年），镇江楼复毁于火灾。清同治六年（1867年），再次重建，并始称"华光楼"。1983年，当地政府对华光楼进行了修葺。

(三) 文物遗存

华光楼底层匾额上书"古镇江楼"，嵌于石墙上；2层匾额书"阆苑第一楼"，并有对联"风景这边独好，江山如此多娇"；3层匾额书"江城如画"；最高处4层匾额内容为"大观"，并有对联"嘉陵三百里，阆苑十二楼"。这些匾额和对联展现了华光楼的独特魅力和阆中古城的美丽风光。

(四) 红军标语、宣传标语

在华光楼石拱门楣上，保留着红军攻克阆中县城后红四方面军总政治部镌刻的宣传标语，如"苏维埃政府是工农士兵自己的政府""只有打倒国民党才好打帝国主义"等。这些标语见证了华光楼在革命历史中的重要地位。

十七、阆中文庙

阆中文庙，也称为孔庙，是供奉和祭祀孔子的祠庙建筑，同时也是古代官府学堂的所在地，供本地学生读书学习之用，因此也被称为学宫。

（一）地理位置与规模

阆中文庙位于四川省南充市阆中市火药局街（也有说法称位于阆中古城北街），占地面积约 7000 平方米，建筑面积约 2000 平方米。

（二）历史沿革

阆中文庙始建于唐代，现存建筑部分为清咸丰元年（1851年）重建遗存。

明崇祯年间（1628—1644年），阆中文庙迁至阆中东门外。

清咸丰元年（1851年），阆中文庙迁至火药局街，后屡有损毁，但基址、照壁和大成殿幸存。

20世纪50年代，阆中文庙被改为看守所。

2011年，阆中市看守所迁走后，阆中文庙抢救性维修和复建方案正式提上日程。

2013年，阆中文庙全面修复竣工，成为阆中古城科举文化街区的重要组成部分。

（三）建筑布局与特点

阆中文庙坐北朝南，由照壁、泮池、棂星门、杏坛、戟门（大成门）、大成殿、崇圣殿（崇圣祠）、东西庑、亭廊、西花园、圣域贤关等景点组成。照壁长30米，高6米，厚0.9米，由条石和水磨方砖砌筑，檐部为五脊歇山灰筒瓦顶，飞檐曲翘，脊部塑古典装饰图案。泮池为一半月形水池，池上架有单拱石桥一座，上有石雕栏杆，栏杆柱头饰莲花石蕾。

大成殿是文庙的中心建筑，整座大殿坐落于2米高的石质须弥座殿基上，为全庙最高建筑。大殿开间高大宽敞，单檐叠脊歇山式绿色琉璃瓦屋顶。横枋额上中竖匾书"大成殿"，孔子塑像端坐于殿内正中。

棂星门为木石结构牌坊，四楹托檐，石鼓夹抱，单檐双肩，歇山式琉璃瓦顶盖，枋额正中有悬匾，上书"棂星门"金色大字。

（四）文化价值

阆中文庙是研究清代四川木结构古建筑的实物资料。

阆中文庙通过举办传统文化活动，如"开笔礼""成童礼"和"成人礼"等，让游客在庄严凝重的氛围中感受传统文化，懂得尊师孝亲、崇德立志的文化精髓。

任务三　阆中古城景点导游词示例

一、部分景点导游词示例

（一）华光楼（所选主题：铭记历史，开创未来）

亲爱的游客朋友，大家好！

欢迎来到这座承载着深厚历史与文化底蕴的华光楼（见图2—16）。眼前这座五米高的石拱门，不仅是行人通道，更是阆中古城昔日繁荣的见证。华光楼紧邻嘉陵江，曾是航运枢纽，两侧手工业作坊密布，商贾云集，热闹非凡，正如古诗所描绘的："春城天不夜，人语市如潮。"楼上则是古代达官贵人、文人墨客雅集，彼此吟诗作对、赏景抒怀之地。

图2—16　华光楼

华光楼的历史可追溯至唐朝初年。相传，这座楼是由滕王李元婴，即唐太祖李渊的儿子，任隆州（今四川阆中）刺史时修建的，初名南楼，然而，历经沧桑，古南楼因多次遭遇火灾而焚毁。我们现在所看到的这座楼，是清代同治六年（1867年）重建的，距今已有一百五十多年的历史，见证了岁月的变迁与时代的更迭。

大家请看，在华光楼上，悬挂着许多历史悠久的牌匾，如清朝阆中知事彭凤藻所题的"古镇江楼",以及大诗人苏轼所题的"灵景"等,这些牌匾不仅介绍了华光楼的独特之处,更蕴含了丰富的文化内涵和历史价值。当我们登上这座楼,远眺丹青城郭,无限风华尽收眼底,仿佛能够穿越时空,感受到那份古老而庄重的历史气息。

在华光楼的历史长河中,还有一段不为人知的红色记忆。在这座石拱门上,南北两面分别刻着"苏维埃政府是工农兵自己的政府"和"只有打倒国民党才好打帝国主义"的标语。这些标语是中国工农红军红四方面军在阆中征战时所留下的宝贵印记。它们不仅记录了那段艰苦卓绝的革命斗争历史,更彰显了中国共产党领导下的工农革命力量在阆中的深厚根基。

正是因为有这些标语的存在,才使得华光楼在"文化大革命"时期免遭破坏,得以保存至今。这不仅是对华光楼本身的保护,更是对那段红色历史的铭记与传承。

如今,我们有机会亲眼看见这座保存完好的华光楼,更应该珍惜这份来之不易的历史遗产,铭记革命先辈的英勇事迹和崇高精神。

接下来,就让我们一起登上华光楼,去感受那份古老与现代交织的独特魅力,去领略阆中古城的美景与风情吧!同时,也让我们在游览的过程中,不断汲取历史智慧,传承红色基因,为实现中华民族伟大复兴的中国梦贡献自己的力量!

(二)中天楼(所选主题:文化瑰宝的艺术巡礼)

各位亲爱的游客朋友,大家好!

我们现在所参观的是位于古城中心、承载着深厚历史与文化底蕴的地标性建筑——中天楼(见图2—17)。中天楼,又名四排楼,作为阆苑十二楼之一,素有"阆中风水第一楼"之美誉,它不仅见证了阆中古城的岁月变迁,更成了我们探索中华传统文化与智慧的宝贵窗口。

早在唐代,中天楼便已巍然屹立,其虽在民国年间不幸毁于战乱,但2006年的重新复建,不仅让这一历史遗迹重焕生机,更向世界展示了中华民族坚韧不拔、生生不息的精神风貌。

图2—17 中天楼

中天楼不仅是阆中古城的风水坐标,更是古人与自然和谐共生的典范。古人在选址时，经过精密的测量与计算，将阆中古城四周山脉的最高点在天空中的交汇处映射到地面，并巧妙地在该位置修建了中天楼。这一壮举，不仅体现了古人对天文地理的深刻理解，更蕴含了"天人合一"的哲学思想，教导我们要尊重自然、顺应自然，与自然和谐共生。

当我们登上二楼，一尊庄严的塑像映入眼帘，这便是中华民族的人文始祖——伏羲。作为新石器时代早期的伟大领袖，伏羲不仅孕育了中华文明的人祖本源文化，更在阆中云台山创立了先天八卦，为后世风水学奠定了理论基础。周文王在此基础上，将先天八卦演变成六十四卦，著就了《易经》，这部经典著作不仅是中国传统哲学的根基，更蕴含了丰富的实用性智慧，如阴阳平衡、变通思维等，对后世产生了深远的影响。

站在中天楼上，远眺四周，锦屏山与蟠龙山遥相呼应，嘉陵江如玉带环绕，形成了"前有鞍山、后有镇山，左有地户、右有天门"的风水格局。这一布局，不仅展现了阆中古城选址的精妙，更寓意着中华民族追求和谐、平衡、稳定的社会理想。它启示我们，在社会发展中，应注重人与自然的和谐，追求经济、社会、文化的全面协调可持续发展。

中天楼不仅是一座建筑，更是一本生动的教材，接下来就让我们一起走进中天楼去领略古建筑之美，体会中华民族传统文化的博大精深和"天人合一"的独特魅力。让我们在游览的过程中，不断汲取这些宝贵的精神财富，共同为构建更加和谐美好的社会贡献力量。

（三）张飞庙墓亭（所选主题：忠诚勇敢、中华民族不屈不挠、自强不息精神）

亲爱的游客朋友，大家好！

欢迎来到汉桓侯祠，也就是大家熟知的张飞庙。

现在在我们眼前的是张飞的墓亭，亭柱上的一副对联，深刻表达了张飞一生的英勇与遗憾。上联"随先主逐鹿中原，北征南战，地只西川称帝业"，描绘了张飞追随刘备征战天下的雄壮气魄；下联"剩残躯付诸荒冢，春去冬来，人犹千古吊忠魂"，则表达了人们对张飞英勇精神的无限敬仰和怀念。张飞，字益德，是东汉末年的一位杰出将领，他追随刘备起兵，南征北战，立下赫赫战功。刘备在益州称帝后，封张飞为巴西太守，其镇守阆中长达七年之久。张飞以其勇猛善战、忠诚不渝的形象，成了中华民族英雄精神的象征。

关于张飞的无头之躯，还有一个悲壮的民间传说。据说张飞被杀害后，凶手范强、张达二人割下其头颅，企图献给孙权以求进身。然而，当他们乘船东下时，却听说孙权正向刘备求和，于是惊慌失措之下，将张飞的头颅抛入江中。张飞的头颅最终浮到河南云阳地界，被一位渔翁捞起，葬在了云阳凤凰山麓。这就是张飞"头葬云阳，身葬阆中"的悲壮故事。

墓亭下方的拱穴内，端坐着张飞的武身像。大家仔细看一下，这豹头环眼、燕颌虎须的猛张飞，是不是和大家心目中的张飞有几分相似呢？像前摆的盘龙石斗窝叫"长明灯"，据说在张飞驻守阆中时，曾以少胜多，大败曹魏大将张郃，取得了保境安民的胜利。阆中人为纪念他的英勇，特意选取最好的石头精工雕成这座"长明灯"。千百年来，每到清明时节，人们都要为张飞扫墓，给长明灯献油，以此表达对英雄的敬仰和怀念。

这座墓亭后方就是张飞的墓冢，我们接着往前走。在参观的过程中，我们不仅是在欣赏古建筑和文物，更是在接受一次深刻的思政教育。张飞的一生，是忠诚与勇敢的象征，是中华民族不屈不挠、自强不息精神的生动体现。让我们在游览的过程中，不断汲取这些宝贵的精神财富，共同为构建更加和谐美好的社会贡献力量。

（四）川北道贡院（所选主题：诚信、努力）

各位游客，大家好！

欢迎来到阆中这座承载着深厚历史文化的古城。

现在我们看到的是川北道贡院（见图2-18），也叫阆中贡院和四川贡院，是古代科举考试的重要场所。上述无论哪个名字，都透露出一种庄重与威严。不过在古代，人们更习惯称它为"考棚"，这个名字更加通俗易懂，充满了生活气息。今天，让我们一同走进这座"考棚"，思考一下诚信与努力的价值。

图2-18　川北道贡院

古时候，考生在进入贡院之前，要经过严格的审查，这种审查在当时受到了高度重视，但即便如此，作弊现象也时有发生。我想，这主要是因为科举考试对于古代人来说，是一次改变命运的机会。一旦考中，就能从寒门子弟跃升为统治阶层，享受荣华富贵。这种诱惑之大，足以让一些人铤而走险。

然而，作弊并非长久之计。

那些靠作弊取得一时成功的人，往往难以在人生的道路上走得更远。因为真正的才华和能力，是无法通过作弊获得的。只有靠自己的真本事，才能赢得他人的尊重和认可，才能在人生的道路上走得更稳、更远。

在贡院里，我们看到了古代考生为了作弊而想出的各种奇招。这些作弊手段虽然巧妙，但终究会受到严惩。这也告诉我们，无论在哪个时代，诚信都是最重要的品质之一。只有坚守诚信，才能赢得他人的信任和尊重。

现在，我们依然可以在这座贡院里亲身体会科举考试的氛围。在考官的高声"开考"中，在"衙役"的锣声中，我们可以感受到那种紧张而庄重的氛围。这不仅是一次复古的体验，更是一次对诚信与努力的深刻思考。

现在，不妨让我们在游览这座贡院的同时，也思考一下自己的人生道路该取向何方。希望我们无论面对什么样的诱惑和挑战，都能坚守诚信、努力前行。只有这样，我们才能在人生的道路上走得更远、更稳、更精彩！

（五）阆中古城风水文化（所选主题：人与自然和谐相处）

各位游客，大家好：

欢迎来到阆中古城！

阆中的建筑风格充分体现了我国古代的风水观念，特别是棋盘式的古城格局，更是天人合一的典型范例。那么，阆中古城的风水文化究竟是什么样的呢？让我们一起来看看吧！

风水理论，作为我国古代关于居住环境构成的传统理论，不仅仅是一种选址、规划和设计的技巧，更是蕴含了对自然的深刻理解和尊重。通过《诗经》中《大雅·公刘》篇的记载，我们可以看到古人运用风水学说选址建城的智慧。随着时代的发展，风水学说与建筑理论的结合日益紧密，其看似为现代理论增添了一些神秘色彩，但本质上是对大自然的敬畏与尊崇。这种敬畏与尊崇，不仅体现在对山水形态的象征性解读上，更体现在对水土保持、环境保护和生态平衡的积极贡献上。

阆中古城，正是风水文化的杰出代表。古城四周山峦环抱，三面江水环绕，山水形态宛如蟠龙，生动展现了风水学说中的"龙、穴、砂、水、向"五诀。大巴山余脉蟠龙山系作为古城的"来龙"，与嘉陵江水共同构成了古城的天然屏障。嘉陵江在城北汇聚数条支流，形成"九龙朝圣"之势，又在西南诸山的护卫下,绕古城三面流淌,最终从蟠龙山东侧流出,形成了一处绝佳的风水宝地。这种天人合一的布局,不仅为古城增添了神秘色彩,更在客观上促进了生态环境的平衡与和谐。

西汉至唐,阆中一直是中国古代天文和风水学的研究中心。众多天文学家、风水大师在此留下了他们的足迹和智慧,如汉代天文学家落下闳,唐朝著名天文学家、风水大师袁天罡、李淳风等。他们对阆中古城营建的各个环节都产生了深刻的影响,使得古城不仅成了一处风水绝佳的居住地,更成了一处承载着深厚文化底蕴的历史遗迹。唐以后的阆中古城,完全按照他们所构想的完整成熟的风水理论进行设计,使得古城与自然山川更加有机地融为一体。这种设计不仅体现了古人对自然的敬畏与顺应,更体现了人与自然的和谐共生理念。

在今天这个快速发展的时代,我们更应该从阆中古城的风水文化中汲取智慧,尊重自然,顺应自然,保护自然。让我们在游览古城的同时,深刻反思人与自然的关系,共同为构建更加和谐美好的生态环境贡献力量!

(六)阆中文庙(所选主题:中华优秀传统文化的传承与弘扬)

各位游客朋友,大家好!

现在出现在我们眼前的是阆中文庙,文庙作为儒家文化的象征,不仅见证了古代文人墨客的求学问道之路,更是传承中华优秀传统文化、弘扬社会主义核心价值观的重要场所。

走进阆中文庙,首先映入眼帘的是庄严巍峨的大成殿。大成殿不仅是文庙的核心建筑,更是供奉孔子及其弟子牌位的地方。孔子是中国古代伟大的思想家、教育家,他的"仁爱""礼治""中庸"等思想,穿越时空,至今仍对我们的社会产生着深远的影响。在这里,我们可以深刻体会到儒家文化所倡导的"仁爱"精神,它不仅是个人修养的基石,更是构建和谐社会的关键所在。孔子所倡导的"己所不欲,勿施于人"的伦理观念,提醒我们要尊重他人、关爱他人;他提出的"学而时习之,不亦说乎"的学习态度,告诫我们要持续学习、不断进步;而他关于"君子坦荡荡,小人长戚戚"的人格追求,则激励我们要做一个有道德、有担当的人。

在大成殿两侧的东西两庑内,供奉着历代名儒的牌位。这些名儒,或是学问渊博的学者,或是品德高尚的君子,他们的生平事迹和学术成就,如同璀璨的星辰,照亮了中华文化的长河,还为我们树立了榜样。他们的精神,激励着我们勤奋学习、追求真理,更启示我们注重品德修养,做到知行合一。

文庙内的碑刻和石刻，是中华优秀传统文化的瑰宝。它们不仅记录了孔子的生平事迹和儒家学派的思想，还反映了古代社会的政治、经济、文化等多方面的信息。这些碑刻和石刻，如同历史的见证者，诉说着中华文明的辉煌与沧桑，还为我们提供了传承和弘扬中华优秀传统文化的宝贵资料。

文庙作为古代科举制度的见证者，还为我们提供了关于教育公平、人才选拔等方面的思考。科举制度为无数寒门子弟提供了改变命运的机会，促进了社会的流动和进步。如今，教育公平的理念已深入人心，我们更应该把握时代赋予的学习机会，努力提升自己的综合素质，为实现中华民族伟大复兴的中国梦贡献自己的力量。

接下来，让我们一起走进这座精神的殿堂，共同探寻中华文化的魅力与智慧！

二、课后任务

请大家阅读以下导游词主题内容。

（一）阆中导游词可选主题

1. 千年古城的时光穿梭

立意概述：将阆中古城描绘成一部活生生的历史长卷，带领游客穿越时空，从秦汉的古城墙走到唐宋的街巷，再到明清的宅院，使其感受每一块石板、每一扇木门背后的故事。

2. 风水宝地的自然奇观

立意概述：强调阆中作为"中国四大古城"之一，其选址严格遵循了古代风水学说，依山傍水，使自然与建筑完美融合，展现了古人的智慧以及与自然和谐共生的理念。

3. 文化瑰宝的艺术巡礼

立意概述：介绍古城内的张飞庙、贡院、中天楼等文化遗迹，以及川北灯戏、阆中皮影等非物质文化遗产，展现阆中作为巴蜀文化重要发源地的艺术魅力。

4. 民俗风情的生动画卷

立意概述：通过讲述春节文化发源地的故事，以及端午赛龙舟、中秋赏月等传统节庆活动，展现阆中丰富多彩的民俗文化和热情好客的民风。

5. 美食之旅的味蕾盛宴

立意概述：介绍阆中特有的保宁醋、张飞牛肉、白糖蒸馍等地道美食，让游客在亲口品尝中感受古城的历史韵味和生活气息。

6. 古今交融的活力古城

立意概述：展示阆中如何在保留传统风貌的同时，融入现代元素，如创意市集、文化节庆、民宿体验等，使古城焕发新的生机与活力，成为传统与现代和谐共存的典范。

7. 诗意栖居的心灵家园

立意概述：强调阆中古城不仅是一处旅游胜地，更是寻找心灵慰藉、体验慢生活的理想之地。漫步古城，听江水潺潺，看云卷云舒，游客可以在繁忙的现代生活中找到一片心灵的宁静之地。

(二) 参考以上导游词主题完成课后任务

(1) 请写一篇阆中古城的景点导游词。
(2) 选择阆中古城任意景点进行模拟导游训练。

项目三　邓小平故里

任务一　邓小平故里景区

一、景区概况

邓小平故里（见图3-1），位于四川省广安市广安区协兴镇牌坊村，距广安市区约7千米，总面积3.19平方千米，由邓小平故居、翰林院子、神道碑、德政坊、洗砚池、蚕房院子、北山小学堂、清水塘等近20处邓小平童年及青少年时期的活动场所组成，是集缅怀纪念、爱国主义教育、古镇文化、新农村发展成果展示、休闲度假于一体的复合型旅游景区。

图3-1　邓小平故里

广安历史悠久，人杰地灵，北宋开宝二年（969年）取"广土安揖"之意，在此设立广安军，广安之名沿袭至今。1904年8月22日，伟人邓小平就诞生在广安市协兴镇牌坊村这个美丽的村落。如今的邓小平故里为以邓小平故居为核心、占地830亩的生态纪念园，园区内保留了20多处小平同志青少年时期的活动场所，包括他生活过的老院子、攀爬过的黄桷树、嬉戏玩耍的清水塘、启蒙读书的翰林院子等。经中共中央批准，园区还先后建立了邓小平铜像广场、邓小平故居陈列馆、邓小平缅怀馆。园区内植被繁茂，空气清新，鸟语花香，郁郁葱葱，井然有序，自然亲切。园区自开放以来，先后接待了多位党和国家领导人。现在的邓小平故里是全国爱国主义教育示范基地、国家5A级旅游景区、国家一级博物馆、全国廉政教育基地、国家青少年教育基地、国防教育基地和最受人民喜爱的十大红色旅游目的地。

二、气候特征

广安位于四川盆地东南缘，属于亚热带湿润季风气候，四季分明。春季气候温暖湿润，秋季气候凉爽干燥，夏季气候炎热潮湿，冬季气候相对温和但干燥、少霜雪。这种四季分明的气候特点使得广安成为一个宜居的城市。广安的年平均气温较高，但四季温度波动适中。广安夏季最高气温可达到44.3℃以上，而冬季最低气温虽然在0℃以下，但总体较为温和，不会出现极端严寒的天气。

任务二　邓小平故里景点介绍

一、邓小平故居

邓小平故居（见图3-2），是一座普通的川东农家三合院，有正房和左右厢房共17间，为悬山式木结构小青瓦屋面建筑，古朴典雅，坐东向西，占地面积883平方米，故居掩映在一片慈竹之中，被当地百姓亲切地称为"邓家老院子"。邓小平在此度过了15载难忘的童年和少年时光。

图 3-2 邓小平故居

（一）故居概况

1. 位置

邓小平故居位于四川省广安市广安区协兴镇牌坊村，距离广安市区约 7 千米。

2. 历史背景

故居始建于清朝同治年间，由邓小平的曾祖父、祖父、父亲三代人陆续建成。

3. 建筑特点

故居坐东朝西，由东、南、北三组单层建筑组成，整个院子占地面积约 833.4 平方米（也有说法为 800 平方米），共有 17 间房屋。故居采用悬山式木结构，小青瓦屋面和穿斗式承重体系，为典型的川东民居风格。

（二）故居内部

1. 正堂屋

这是当年邓家接待客人的地方，展现了传统农家院落的接待礼仪。

2. 邓小平起居室

北厢房紧挨饭厅的那间房屋是邓小平当年的起居之所（见图 3-3），里面存放着雕花木床、衣柜,以及一张桌子和一个凳子,上面整齐地陈列着油灯、纸笔和砚台。这些陈设生动地再现了少年邓小平勤奋学习的场景。

图3-3 邓小平起居室

3. 长辈住房

正堂屋左右两边分别是邓家长辈的住房,体现了家族成员秩序井然的居住分布。

二、邓小平故居陈列馆

邓小平故居陈列馆(见图3-4)坐西向东"一"字排开,3个青瓦坡形屋面,三叠三起,一起比一起高,最后耸立起一座丰碑,蕴寓着邓小平"三落三起"的传奇人生和丰功伟绩。

图3-4 邓小平故居陈列馆

邓小平故居陈列馆建筑面积 4600 平方米，由序厅、3 个陈列展厅、电影厅和珍藏厅等组成，共收集了 408 幅图片、170 件文物、200 多件档案文献资料，通过声、光、电等高科技手段，生动全面地展现了邓小平为中国革命、建设和改革事业不懈奋斗的光辉一生。陈列馆是重要的爱国主义教育基地，为研究邓小平理论和中国改革开放历史提供了丰富的影像和实物资料。其不仅是了解邓小平生平和思想的场所，也是感受中国改革开放伟大历程的重要窗口。

三、邓小平缅怀馆

邓小平缅怀馆以"回家"为设计理念，以亲切自然、温馨情感为指导思想，展示邓小平生前的工作和生活场景，陈列真实遗物，全景式地呈现中国改革开放的巨幅画面，是邓小平故居陈列馆的延续和补充，也是缅怀邓小平崇高风范的又一重要纪念场所。缅怀馆内复原了多个邓小平同志的生活和工作场景，如北京米粮库胡同的部分故居场景等。这些场景均按照 1∶1 的比例进行复原，并配以大量实物、图片和文字资料，全方位展示了邓小平同志的兴趣爱好、日常生活以及与家人的情感联系。这种沉浸式体验能够让参观者更深入地了解这位伟人在平凡生活中的一面。

四、邓小平铜像广场

邓小平铜像高 2.5 米，重 1.2 吨，坐北朝南，正前方镌刻的"邓小平铜像"五个大字由江泽民同志亲笔题写，胡锦涛同志于 2004 年 8 月 13 日为铜像揭幕。

广场上的邓小平铜像身着短袖衬衫、脚穿布鞋，两颊瘦削，面容温和。他面带微笑地坐在椅子上，目光敏锐深邃，似乎抖落一身风尘，回归故里，正亲切地注视着家乡的山山水水。

五、翰林院子

翰林院子建于清乾隆年间（1736—1796 年），坐西向东，共有大小房屋 36 间，由朝门、戏楼、厅堂和厢房等组成，占地面积 2219 平方米，建筑面积 1671 平方米。邓小平先祖邓时敏（1710—1775 年）在乾隆年间曾任翰林院编修、侍讲学士、大理寺正卿等职，翰林院子是他的旧宅，后被族人称为学馆，因为这里办起了牌坊村第一所私塾学校。

六、蚕房院子

蚕房院子是邓氏家族养蚕、缫丝的作坊,建于清朝末年,建筑面积 800 平方米。现设有序厅、蚕房、蔟室、缫丝、织绸、蚕丝历史文化、蚕丝科普、丝绸旅游商品等展室。2002 年 12 月,蚕房院子被四川省人民政府公布为省级文物保护单位。

七、邓家老井

邓家老井是明朝时邓家先祖在迁入广安时挖掘的,距今已有 500 多年历史。老井直径约 1 米,如同一面古老的青铜宝镜镶嵌在荷叶青青的水田间,清澈可鉴。更为奇特的是,井水常年充沛,水面始终高出地平面 60 厘米,溢出井沿,终年不断。井水冬天温润和暖,夏日甘冽清凉,且水质纯净,清润可口。清冽的井水,养育了一代伟人邓小平。小平同志喝着邓家老井的水,一直到他离开家乡。

八、放牛坪

放牛坪位于景区内一片显眼的开阔草场,既是牌坊村孩子放牛的地方,也是童年邓小平的玩耍之地。这里充满了邓小平童年时期的回忆与足迹,是了解他早年生活的重要窗口。放牛坪三面环山,绿树成荫,环境幽静,给人一种回归自然的感觉。在这里,自然景观与人文历史相得益彰,共同构成了放牛坪独特的魅力。

在放牛坪的右侧,有一座名为"老井茶馆"的建筑。这座茶馆取用邓家老井的井水来沏茶,人们可以在这里饮水思源,品味茶香的醇厚与历史的厚重。

放牛坪不仅是邓小平童年时期的玩耍之地,更是他启蒙与成长的重要场所。在这里,他留下了矫健的身影和琅琅的书声,为后人树立了勤奋好学、积极向上的榜样。

九、神道碑

神道碑高约 5 米,矗立在名为"赑屃"的神兽之。赑屃,又名龟趺、霸下、填下，为古代传说中龙生九子之一，貌似龟而好负重，神道碑正立在它的背上。石碑竖有正书"诰授通奉大夫大理寺正卿邓公神道"，显示了其与德政坊一样，是清仁宗皇帝于嘉庆年间（1796—1820年）为表彰邓时敏的功德而赐造的。

十、德政坊

（一）历史背景

1. 建造原因

德政坊是清朝时朝廷为表彰邓小平先祖邓时敏的功德而赐造的。邓时敏在乾隆元年（1736年）会试中考中进士，入翰林院，后授以编修、侍讲学士之职。他一生刚直不阿、政绩斐然。为表彰他的德行，嘉庆皇帝下旨，为其在家乡敕造了德政坊和神道碑，牌坊村也正是因这座牌坊得名。

2. 损毁与复建

原牌坊在"文化大革命"期间被毁，为恢复该文物，相关人士进行了实地考察，走访了当地年纪比较大的村民，并搜集了全国各地大量牌坊资料，最终于2002年8月在原址按原牌坊形质复建出一座新的"德政坊"。

（二）建筑特色

1. 结构

德政坊高12米，宽10米，四柱三间，三重檐，中脊有镂空雕饰。

2. 风格

整座石坊恢宏庄重，浮雕图案玲珑剔透，题材十分丰富。其中人物主体内容主要取材于戏剧，还有的出自神话小说或民间故事，其造型生动，个性鲜明，内涵丰富。

（三）地理位置与意义

1. 地理位置

德政坊位于邓小平故居东北方向约300米处，是当年邓小平到协兴北山小学堂读书的必经之地。

2. 文化意义

德政坊不仅是邓小平故里的一处重要文物,更是对邓时敏一生功绩的肯定和纪念。它承载着丰富的历史文化内涵,是了解和研究邓小平家族历史以及当地文化的重要窗口。

十一、洗砚池

(一) 地理位置与背景

洗砚池位于邓小平故里旅游景区内,是邓小平童年及青少年时期的活动场所之一。这个景点不仅具有深厚的历史文化底蕴,还蕴藏着园林造景的艺术手法,整个景区显得十分生动、富有灵气。

(二) 景观特色

1. 水体形式

洗砚池作为景区内的一处水体景观,设计独特,与周围的植物布景相得益彰。池中种植有荷花、睡莲等水生植物,入夏时节,莲花朵朵,竞相开放,宛如一幅优美的水中画卷。

2. 文化寓意

洗砚池不仅是一处自然景观,更承载着深厚的文化内涵。它体现着邓小平在青少年时期勤奋学习、不断进取的精神风貌。同时,池水清澈见底,也寓意着邓小平一生清廉正直的品质。

十二、佛手山

(一) 得名由来与传说

佛手山因其山势形态而得名,有人形容它像打坐的佛祖,左手拈诀,右手抚膝,端坐莲台。关于它的得名,还有一个美丽的传说:相传佛祖为佛手山的景色所迷,情不自禁地击石赞叹,将佛手山山嘴石崖处原有的一方巨石,从中劈开,一分为二,并在石壁上留下了深深的掌印,佛手山由此广为人知。直到今天,我们还可以通过裂缝两边的石壁上各留下的一只 2 米长的手掌印,回味这个美丽的传说。

（二）自然景观与人文特色

佛手山满山遍野种植了广柑、柚子、蜜桃、枇杷等水果，一年四季群花争艳，瓜果飘香，成了远近闻名的"花果山"。此外，佛手山还以其独特的山势和秀美的风景吸引着众多游客。起伏的山峦，纵横的沟壑，使得佛手山在视觉上呈现出一种宏伟壮观的美感。

除了自然景观，佛手山还承载着深厚的人文历史底蕴。邓小平的祖母戴氏、生母淡氏等邓家先孺的墓地就坐落在佛手山的半山腰处，因此，这里也成了缅怀邓小平同志及其家族的重要场所。

十三、北山小学堂

（一）基本信息

北山小学堂，距离邓小平故居约 2 千米，建于清代，占地面积 667.87 平方米，建筑面积 327.54 平方米。

（二）创办背景

北山小学堂是根据清朝政府颁布的《奏定学堂章程》，在各地办学热潮的影响下，由协兴场一刘姓乡绅与邓小平的父亲邓绍昌等开明绅士共同创办的。它于清宣统二年（1910 年）开办，是协兴场办立的第一所新式小学堂。

（三）教育内容与特点

1. 课程设置

北山小学堂的课程设置完全不同于传统的私塾教育，它不但有白话文的国文，还新增了算术、修身、体育、图画等现代课程。

2. 教师团队

早期在校任教的有刘星一、邓绍昌、邓俊德、陈鲁山、蒋能彬等人。这些人士都是不满封建礼教、认识到时代潮流的趋向、思想激进的新派教师。他们除了传授新学，还给学生讲授黄巢起义、太平天国运动、义和拳运动等史事。

（四）历史地位与现状

北山小学堂在经过修缮后于 2004 年前后免费对外开放，2006 年 5 月 25

日，中华人民共和国国务院公布北山小学堂为全国重点文物保护单位。然而，后因受外力因素影响，其建筑本体受损严重，故于2017年夏天暂停对外开放。经国家和省文物部门批准，广安于2019年启动了对北山小学堂原址原貌的修复修缮工作，一年后的8月22日，北山小学堂重新免费对外开放。

北山小学堂不仅是中国近现代教育史的一个缩影，还是邓小平同志成长历程中的重要起点。如今，北山小学堂已成为广大游客了解邓小平同志生平事迹、接受爱国主义教育的重要场所。

十四、思源广场

思源广场（见图3-5）是广安市的一处地标性景点。

图3-5　思源广场

（一）基本信息

1. 位置

思源广场位于四川省广安市广安区城南新区中心，背靠渠江，面向思源大道。

2. 规划用地

思源广场占地面积共计35.33万平方米，其中一期工程占地面积8万平方米，二期工程（渠江公园）占地面积27.33万平方米。

3. 功能

思源广场是集纪念、集会、文化交流、娱乐、休闲、观景等功能于一体的综合性城市广场。

（二）主要景点及特色

1. 入口广场

入口广场占地面积 6200 平方米，为圆形中心广场与建安路的缓冲地带。由迎宾花柱、树池、树阵和思源石组成，环境亲切怡人。

2. 中心广场

中心广场外圆内方，占地面积 2 万余平方米，是整个广场的构图中心。外圆半径达 100 米，方形的水景广场将内圆分为四个水景区，隐含天圆地方、生生不息之意。

3. 水景广场

水景广场面积 1000 平方米（另有说法为 6700 平方米），由外围圆形水池和中心方形水池组成。造型似一钱币，象征着财富发达，寓意"共同富裕"。水池中另设有音乐喷泉，表演时有声光水色，构成气势宏大的壮观场面。

4. 宝鼎广场

宝鼎广场占地面积 3000 平方米，是整个广场的制高点。该广场上耸立着世界最大的青铜宝鼎"实事求是宝鼎"。宝鼎总高 10 米，重 41.8 吨，外观呈圆形、三足鼎立、双耳高耸，鼎身铸有金文和铭文"小平百岁，立鼎明志，一定要把广安建设好"。宝鼎正面铸有"实事求是"四字，背面铸有"解放思想"四字，寓意深远。

5. 四季花海及其他

广场内还设有四季花海等景点，增添了广场的观赏性和休闲性。

（三）历史背景及意义

思源广场是为纪念邓小平同志百年诞辰而修建的重点工程之一。2004 年 8 月 22 日，邓小平同志百年诞辰大型纪念活动在此举行。广场的命名及设计均体现了"饮水思源"的主题，蕴含着人民对邓小平同志的无限崇敬和缅怀之情。

任务三　邓小平故里景点导游词示例

一、部分景点导游词示例

（一）思源广场（主题：铭记历史，饮水思源）

各位游客，大家好！

欢迎来到邓小平故里，这里是我们今天的主要游览地：思源广场。思源广场，寓意"饮水思源"，又名"中心广场"。它不仅是我们广安市的地标性建筑，更是我们缅怀伟人邓小平、铭记历史的重要场所。这里的每一处细节都诉说着广安人民对邓小平同志的深切怀念与无限敬仰。

步入思源广场，首先映入眼帘的是这座巍峨挺立的"实事求是宝鼎"（见图3-6）。它不仅是广场的灵魂，更是邓小平理论精髓的见证。宝鼎三足鼎立，寓意稳固与力量，其上所刻的"发展才是硬道理"字样，是邓小平同志留给后人的宝贵财富，激励着我们在新时代的征程上不断前行。

图3-6　实事求是宝鼎

环绕广场，大家会发现四周巧妙布置着许多块巨石，上面镌刻着邓小平同志的经典语录与思想精髓，让人在悠闲轻松的漫步中感受那份深沉厚重的历史底蕴。这些石刻，不仅是知识的传递，更是精神的洗礼，提醒我们时刻铭记历史，不忘初心。

广场东侧的观景长廊，引领我们望向远处蜿蜒流淌的渠江，江水悠悠，仿佛在诉说着广安这片土地上发生的故事。这里，自然美景与人文情怀交相辉映，让人在享受视觉盛宴的同时，也深刻体会到邓小平故里深厚的文化底蕴和广安人民对一代伟人的无限敬仰。

思源广场，不仅是一个地点，更是一种精神的寄托。它提醒我们，无论时代如何变迁，都要不忘初心，饮水思源。请大家用心来感受这片土地上的每一份记忆，让邓小平故里和思源广场成为我们心中永恒的丰碑。

接下来，我们将踏入邓小平故里的核心区，那里有庄严的邓小平铜像广场，有生动的故居陈列馆，每一处景观都承载着厚重的历史记忆。在陈列馆中，我们可以通过一件件珍贵的展品、一幅幅生动的照片，近距离感受邓小平同志波澜壮阔的一生，以及他对国家和人民深沉的爱。

（二）邓小平故居（主题：梦想启航之地）

各位游客，大家好！

您现在看到的这座有浓郁川东风情的农家三合院，就是邓小平同志的故居。在这片充满故事的土地上，让我们一起追溯邓小平同志从少年到青年的成长足迹，感受他立志改变国家命运的初心与决心。

邓小平故居被当地的老百姓亲切地称为"邓家老院子"，其房屋为悬山式木结构，小青瓦屋面，穿重或承重体系，柱间采用的是夹板和竹笆组成的混合墙，室内地面和室外地坝均铺设青石板，翠竹环抱、绿树成荫、景色秀丽、风光宜人，庭前荷塘泛绿，屋后竹影婆娑，三合院和四周环境相映成趣，充盈着浓郁的蜀乡风情。

1904年8月22日，邓小平同志就诞生在这里。1951年，小平同志主政大西南，把家乡的亲人都接到身边，一起生活，按照他的意见，不能对任何人搞特殊照顾，所以老家的房屋就全部交由当地政府分给乡亲们居住。

邓小平同志一生三落三起，老院子也历经沧桑。它曾经做过民居、公共食堂、文化站、幼儿园、保管室，但也正是因为有了这些用途，故居才在"文化大革命"那样动荡的岁月中完好地保存下来。党的十一届三中全会以后，改革开放的春风吹遍了神州大地，中国发生了翻天覆地的变化，邓小平同志的卓越贡献令世界瞩目，邓小平同志的故居也受到国人的关注。1998年2月19日，在小平同志逝世一周年,江泽民同志亲笔题写了"邓小平同志故居"匾名,以示纪念。2001年7月3日,中华人民共和国国务院公布邓小平故居为全国重点文物保护单位。

高山仰止,景行行止。为了追寻一代伟人的成长足迹,人们从四面八方来到这里,感受伟人故里的文化氛围。现在就让我们一起走进邓小平同志故居,去感受伟人梦想起航的地方吧。

(三)邓小平故居陈列馆(主题:发扬红色传统,传承红色基因)

各位游客,大家好!

我们现在参观的是邓小平故居陈列馆,这座位于四川省广安市广安区协兴镇牌坊村的圣地,不仅是一所为铭记邓小平同志不朽贡献而建造的纪念馆,更是传承红色精神、弘扬时代伟力的光辉殿堂。

自2004年8月13日揭幕以来,它便成了国内外访客深入探索邓小平生平事迹与思想精髓的关键一站。在此,我们将以"我是中国人民的儿子"这一饱含深情与责任的誓言为线索,共同踏上追寻邓小平波澜壮阔人生征途的旅程。

作为首批荣获国家一级博物馆殊荣的纪念馆(2008年评定),邓小平故居陈列馆在设计上匠心独运,寓意深远。其右侧三叠斜坡屋面,恰似邓小平同志一生三落三起的传奇经历,寓意着他在逆境中坚韧不拔、勇往直前的精神。中央耸立的巍峨高墙,直插云霄,象征着邓小平同志的历史功绩犹如一座巍峨丰碑,永载人类史册。而这座丰碑与左侧斜面屋顶形成的旗帜图案,则是对我们高举中国特色社会主义伟大旗帜,矢志不渝追求中华民族伟大复兴中国梦的深切呼唤。

在建筑选材上,邓小平故居陈列馆同样别出心裁,它将柔软的釉面砖与坚硬的花岗岩巧妙融合,生动展现了小平同志刚柔并济的性格特质。陈列馆内部设有多个展厅,通过丰富的图片、珍贵的文物、翔实的文献资料,以编年体的形式,系统而生动地描绘了邓小平同志辉煌灿烂的一生,让每一位到访者都能深切感受到他为国家繁荣富强、人民幸福安康所付出的不懈努力。

步入陈列馆内部,其精美的布局与现代科技展示手段相得益彰,令邓小平同志的奋斗历程得到了生动再现。从"走出广安"的初心发轫,到"戎马生涯"的英勇担当,到"艰辛探索"的执着追求,再到"非常岁月"的坚韧不拔,直至"开创伟业"的非凡贡献,五大主题单元依次展开,生动展现了邓小平同志在不同历史时期的关键抉择与卓越成就,引领我们穿越时空,领略一代伟人的非凡风采,并深刻体会中华民族自强不息、勇于探索的伟大精神。

邓小平故居陈列馆的每一处细节都是对红色精神的传承与颂扬，激励着每一位后来者不忘初心、牢记使命，为实现中华民族伟大复兴的中国梦而不懈奋斗。

（四）小平与高考（主题：梦想启航之地、历史的转折与希望的启航）

尊敬的各位游客，大家好！

欢迎来到邓小平故里，这里不仅是邓小平同志的出生地，同时也是中国近现代史上许多重要时刻的见证地。今天，我将带领大家看看一张珍贵的照片，它定格了1977年高考恢复时一个激动人心的考试场面，让我们一起感受那段历史带给我们的深刻启示和无限希望。

1977年，对于中国来说，是一个具有划时代意义的年份。在这一年，中断了十年的高考制度得以恢复，无数被时代洪流冲刷得几乎失去方向的青年，重新看到了改变命运、追求梦想的曙光。

大家请看我身后的这张照片，这是1977年高考恢复时的一个考试场面，照片中，考生们或低头沉思，或奋笔疾书，他们的眼神中闪烁着对知识的渴望和对未来的憧憬。这一刻，不仅是对个人命运的改写，更是对国家命运的逆转，是我国走向现代化、实现民族复兴的重要一步。

高考的恢复，如同一股强劲的春风，吹遍了神州大地，唤醒了亿万人民对知识的尊重和对教育的重视。它标志着中国开始逐步摆脱"文化大革命"的阴影，走向一个更加开放、包容、理性的新时代。在这些考生中，不乏后来成为各行各业领军人物的人才，他们用智慧和汗水，为国家的繁荣富强贡献了自己的力量。这张照片，也因此成了无数人心中的"希望之舟"的象征。它意图告诉我们：无论遭遇多大的困难和挑战，只要心中有梦，脚下就有路。

站在这里，回望过去，我们不禁感慨万千。邓小平故里不仅承载着厚重的历史记忆，更激励着我们不断前行。今天，中国已经站在了新的历史起点上，面对世界百年未有之大变局，我们更需要继承和发扬邓小平同志敢于改革、勇于创新的精神，不断推动社会进步和发展。

亲爱的游客朋友们，让我们带着对历史的敬畏和对未来的憧憬，继续我们的旅程。在邓小平故里，每一处景点、每一件展品，都在诉说着一个关于梦想、奋斗与变革的故事。希望今天的参观，能够激发您内心的力量，让您在未来的道路上，也能勇敢地追寻自己的梦想，书写属于自己的辉煌篇章。

（五）翰林院子（主题：红色教育，培养青少年爱国情怀）

尊敬的游客朋友，大家好！

请大家跟随我一起走进翰林院子。今天，我们将一同在此处追寻伟人的足迹，感受浓厚的红色教育氛围，培养爱国情怀。

翰林院子位于四川省广安市，距离邓小平故居约1公里，始建于清代乾隆年间，距今已有200多年的历史，属典型的川东民居建筑风格。翰林院子是邓小平先祖清代翰林邓时敏的旧宅。邓时敏年轻有为，才华出众，28岁入翰林院任职，后官至大理寺卿，乾隆十六年（1751年）皇帝加封其为通奉大夫，当地人尊称他为邓翰林。

这座院子坐西向东，采用穿斗式木结构建筑，悬山式屋顶，小青瓦屋面，是两个四合院相套的大院落。整个院子共有大小房屋36间，占地面积2219平方米，建筑面积1671平方米，由朝门、戏楼、厅堂和厢房等组成，规模宏大，布局严谨。翰林院子同禅堂院子、北山小学堂、广安高等小学堂一起构成了邓小平青少年时代活动的旧址，并在2013年被列为第七批全国重点文物保护单位。

走进翰林院子，我们仿佛穿越时空，回到了那个书香门第的时代。这里曾是牌坊村的第一所私塾学校，邓氏族人希望为家族培养出类拔萃的人物，故设立了这所小学。1909年，5岁的邓先圣（邓小平的原名）便是在这里接受启蒙。他的私塾老师认为"先圣"这个名字太过张扬，便为他取学名"希贤"，寓意望子成龙，期待他成为贤臣良将。后来，邓希贤逐渐成长为伟大的无产阶级革命家，为中国的改革开放和现代化建设作出了卓越贡献。

翰林院子是进行红色教育的重要场所。在这里，我们可以深入了解邓小平的生平事迹和革命精神，感受他为国家、为人民奋斗不息的崇高情怀。

在参观过程中，请大家保持安静，尊重历史文物，用心感受这份厚重的红色文化。同时，也希望大家能够从中汲取力量，将邓小平的革命精神和爱国情怀传承下去，让我们一同铭记历史，缅怀伟人，为实现中华民族伟大复兴的中国梦贡献自己的力量！

（六）邓小平铜像广场（主题：铭记历史，传承爱国情怀）

各位游客，欢迎来到邓小平铜像广场（见图3-7），这里不仅是缅怀邓小平同志、感恩他的伟大贡献的重要场所，更是心灵与历史的交汇点。广场四周群山环抱，宛如大自然精心雕琢的一把宽广座椅，将这片绿意盎然、古树参天的圣地温柔地环抱其中。在这片宁静而庄严的土地上,邓小平同志的青铜塑像巍然端坐,成了一道永恒的风景线。

这尊高达2.5米、重达1.2吨的塑像,采用青铜精心铸造,生动再现了小平同志在党的十一届三中全会后首次回四川视察时的风采。他眼神深邃而充满智慧,嘴角挂着一抹慈祥的微笑,仿佛正安坐于藤椅之上,与我们进行着跨越时空的心灵对话。这份亲切与质朴,让人不由自主地回想起他那温暖人心的形象。

图3-7 邓小平铜像广场

小平同志自16岁离家,就踏上了寻求救国救民真理的征途,他为国家的繁荣富强、人民的幸福安康立下了不朽功勋。他的一生,是全心全意为人民服务的一生,是矢志不渝为国家和民族奋斗的一生。尽管未能再次踏上回乡之路,但故乡的情愫始终萦绕在他的心间。

2004年,在小平同志百年诞辰之际,这尊塑像带着他的灵魂"回家"了。在这里,他以一种特殊的方式,继续注视着家乡日新月异的发展,守望着他深爱的祖国和人民。因此,这尊塑像的主题被赋予了深刻的意义:"回家"。它不仅是对小平同志深沉家国情怀的缅怀,更是激励我们不忘初心、继续前进的精神灯塔。

各位游客,站在邓小平铜像广场,我们不仅只是在瞻仰一位伟人的风采,更是在重温那段激情燃烧的岁月,感受那份深沉的爱国情怀。让我们铭记历史,传承爱国情怀,不忘初心,继续前进,为实现中华民族伟大复兴的中国梦而努力奋斗!

二、课后任务

请大家阅读以下导游主题词内容。

（一）邓小平故里导游词可选主题

1. 梦想启航之地

立意概述：将邓小平故里描绘为邓小平同志伟大理想的启程之地，重点讲述他从小生活的环境如何塑造了他的坚韧不拔和远见卓识。

2. 时代巨人的摇篮

立意概述：强调邓小平故里作为孕育了一代伟人的摇篮，其地域文化背景和在此生活的邓氏家族的家庭教育对邓小平成长的重要影响。

3. 改革开放的精神家园

立意概述：将邓小平故里视作改革开放精神的发源地，讲述其对中国现代化进程的深远影响。

4. 文化与自然和谐共生的样本

立意概述：结合邓小平故里的自然风光与人文景观，展现其作为历史文化场域与自然万物和谐共生的典范。

5. 传承与创新的交汇点

立意概述：强调邓小平故里作为传统与现代、继承与创新交汇点的重要价值，以及其对新时代青年和国家的启示意义。

6. 发扬红色传统、传承红色基因的有力载体

立意概述：邓小平故里以其蕴含的丰富红色资源成为我们共同追寻红色记忆，发扬红色传统，传承红色基因的有力载体。

（二）参考以上导游词主题完成课后任务

（1）请自行查阅资料并以"时代巨人的摇篮"为主题，撰写一篇北山小学堂的导游词，字数700字。

（2）选择邓小平故里任意景点进行模拟导游训练。

项目四　三星堆遗址

任务一　三星堆遗址景区

一、景区概况

三星堆遗址位于四川省广汉市西北方向的鸭子河南岸，占地面积约 12 平方千米，历史跨度长达 3000 至 5000 年。作为西南地区迄今发掘规模最大、持续时间最长、文化底蕴最深厚的古城、古国、古蜀文明遗址，三星堆遗址被誉为 20 世纪人类最重要的考古发现之一。其存在证明了长江流域与黄河流域对中华文明的共同孕育作用，因此有"长江文明之源"之称。1988 年 1 月，中华人民共和国国务院将其列为第三批全国重点文物保护单位。

这里出土的文物不仅在中国众多文物中，以其独特的历史、科学、文化、艺术价值及观赏性脱颖而出，而且对于全人类而言都是宝贵的文化遗产。在这批珍贵的古蜀宝藏中，有高 2.62 米的青铜大立人像，宽 1.38 米的青铜面具，以及高达 3.95 米的青铜神树等独一无二的青铜器。此外，金杖等金器和满饰图案的边璋等玉石器也极为罕见，堪称稀世珍宝。

2021 年 3 月 20 日，三星堆遗址的发掘工作取得了新的突破，在新发现的 6 个"祭祀坑"中出土了超过 500 件重要文物，其中三个坑内还发现了象牙。部分坑内象牙呈层叠堆放状态，总数超过 100 根，有些象牙有焚烧或切割的痕迹，可能与古蜀国的祭祀仪式有关。尽管目前已发掘的面积仅占整个遗址总面积的 2%，但已经出土了大量珍贵文物，包括保存完好的城墙和月亮湾内城墙等。同年 5 月 28 日，又有新的重大发现公布，在 3 月份新发掘的 6 个"祭祀坑"中继续有重要文物出土。到了 9 月 9 日，三星堆遗址祭祀区的 3 号坑和 4 号坑再次为我们带来了阶段性的重大考古成果。未来，三星堆遗址将与金沙遗址共同申报世界文化遗产,并加速建设成为国家遗址公园。

(一)遗址简介

三星堆遗址位于四川省广汉市西北鸭子河南岸,东距成都约 40 千米,南距广汉市区约 7 千米。该遗址群于 1988 年 1 月被中华人民共和国国务院公布为全国重点文物保护单位,由 30 余处古文化遗存点构成,考古学家将其文化遗存划分为四期:第一期属新石器时代晚期文化,二至四期则属于青铜文化范畴。

遗址群呈南宽北窄的不规则梯形分布,核心区沿鸭子河东西延伸 5~6 千米,南北跨度 2~3 千米,总面积约 12 平方千米。其空间布局以鸭子河与马牧河之间的台地为轴向两侧分布,重要遗存包括南部的三星堆、中部的月亮湾和真武宫与青关山大型建筑基址、北部的西泉坎、东部的狮子堰,以及西部的横梁子等,核心区向西延伸至仁胜村、大堰村等卫星遗址。

该遗址向我们展现了一段持续近 2000 年的文明发展史,自新石器时代晚期(约公元前 2800 年)延续至商周之际(约公元前 1050 年),其中主体文化三星堆文明形成于约公元前 1600—前 1500 年间,与商王朝基本并行发展。遗址内出土的陶器、玉器、青铜器及金器构成了独特的文化体系,特别是青铜文明,其虽受到商文化影响,但形成了鲜明的地域特征。值得注意的是,尽管晚商时期成都平原的青铜铸造技术较中原稍逊,然而三星堆先民仍倾注了大量资源进行青铜器生产,有学者推测这种对资源的过度消耗可能是致使其文明衰亡的重要因素。

作为中国西南地区迄今发现的最大的都城遗址,三星堆具有多重学术价值:其实证了古蜀国的真实存在,将古蜀文明史向前推进了 2000 余年;它为研究早期国家形态和原始宗教发展状况提供了关键物证;它还揭示了长江流域与黄河流域文明的互动关系,因此在多元一体中华文明形成过程中享有特殊地位。该遗址的发现不仅改写了区域文明史,更为探索中国青铜时代文明多样性提供了重要范本。

(二)发掘历程

三星堆遗址的发现始于 1929 年,广汉农民燕道诚在白家农田疏浚水沟时意外发现了一处玉石器埋藏坑。这一重要线索于 1931 年春季为英国圣公会传教士董笃宜(Donnithorne)所关注,在他的协调下,当地驻军对出土现场实施了初步保护,并将这批文物移交至华西协合大学古物博物馆(今四川大学博物馆前身）保管。1934年，以该馆馆长葛维汉（Graham）与助手林名钧为核心的首支考古队，在广汉县县长罗雨仓的支持下，对燕氏发现区域展开了为期10天的系统性发掘，出土文物经整理后，形成了首份考古报告《汉州发掘简报》。此次开创性工作虽揭开三星堆研究的序幕，却因历史条件限制未能延续，遗址随之进入长达半个世纪的学术沉寂期。

历史转折出现在1986年，三星堆考古工作站的工作人员在遗址区相继揭露了两座商代大型祭祀坑，其中2号祭祀坑出土青铜神树、纵目面具、黄金权杖及象牙等祭祀重器达1300余件。这批兼具神圣性与艺术性的文物遗存，不仅实证了《蜀王本纪》中"目纵"特征的古蜀王形象，更以独特的青铜文明体系引发了国内外学界的震动。尤其值得注意的是，遗迹中出土的青铜器虽部分技术源于商文明，但其夸张的造型语言与祭祀体系，却展现出与中原礼制截然不同的信仰维度。

1986年发掘成果公布后，三星堆迅速成为研究文明起源的关键坐标。持续30余年的考古工作逐步揭示，该遗址不仅是古蜀国鼎盛时期的都邑所在，更是一个融合神圣祭祀、区域资源调控与跨文化贸易的多功能中心。研究成果表明，出土文物的青铜原料可能来自云南矿区，玉器材质则关联长江中下游流域，这种物质文化的多元性，印证了成都平原在早期中国文明网络中的枢纽地位。

（三）考古发现与研究成果综述

三星堆遗址的现代考古工作始于20世纪50年代。初期因对遗址规模认识不足，学者将月亮湾与三星堆划分为"横梁子遗址"和"三星堆遗址"两个独立的单元。1963年，由冯汉骥教授领衔的联合考古队通过系统发掘，首次揭示出三星堆遗址作为古蜀国都邑的文明特质。

20世纪八九十年代的突破性发现彻底改写了人们对古蜀文明的认知。1980—1981年的发掘工作不仅清理出大规模新石器时代房址，更通过地层迭压关系确立了文化分期标尺。其中出土的青铜神树、黄金面罩等上千件金属器物，实证了长江流域与黄河流域并立的青铜文明体系。同期成都十二桥遗址的发掘，则为三星堆文化向十二桥文化演变提供了关键证据。

21世纪以来，研究视野突破地域局限。20世纪90年代起，三星堆的考古工作拓展至渝东、陕南地区，通过对江津梧桐土等遗址的发掘，建立起三星堆文化与周边地区的文化互动网络。2020年启动的"川渝地区文明进程研究"项目，截至2024年取得突破性进展。

1. 祭祀区新发现

2020年3月至9月,新发现6座祭祀坑(编号K3~K8)。截至2022年9月,坑内累计出土编号文物15109件,其中完整文物4060件。重要发现包括:

(1) K5出土斧形金器(长10厘米、重逾200克)。

(2) K8发现的顶尊蛇身人像与鸟脚人像(见图4-1)可以与其他祭祀坑出土的部件拼接。该器物修复后命名为"顶尊屈身鸟足神人象"。

图4-1 顶尊屈身鸟足神人像
（出土前形状）

(3) 完整象牙400余根。

(4) 唯一附着于青铜头像的黄金面罩。

2. 建筑遗迹新认知

(1) 确认面积超80平方米的F1建筑(位于考古温室大棚西侧的建筑遗址)基址。

(2) 发现石跪坐人像、石虎等礼仪遗存。

(3) 新探明小型祭祀坑群分布。

3. 时空框架新突破

(1) 通过类型学与碳14测年确认K3~K6遗址坑属商代晚期遗存。

(2) 与江津梧桐土遗址出土的商周陶器群相印证,为三星堆文化向十二桥文化的过渡提供了重要的实物证据,进一步证实了古蜀文明在川渝地区的延续性与演变过程。

2022年的阶段性成果显示,三星堆遗址已形成"祭祀区、建筑基址、器物埋藏"三位一体的空间结构。特别是青铜神坛、龟背形网格器等礼器的出土,为重构古蜀祭祀体系提供了全新材料。当前考古工作正朝着多学科深度整合方向发展,并将通过冶金考古、残留物分析等技术手段,持续揭示这个神秘文明的深层密码。

二、三星堆博物馆

三星堆博物馆(见图4-2)始建于1992年8月,并于1997年10月正式对外开放。博物馆园区位于三星堆遗址东北角的核心区。其地理位置优越，距成都市区以北约 40 千米，距德阳市区以南 26 千米，是中国首座现代化专题性遗址博物馆，被誉为遗址类博物馆建设的典范之作。

图 4-2　三星堆博物馆

2023 年 7 月 27 日，三星堆博物馆新馆——"古蜀之眼"全面建成开放。这座集文物保护、展陈研究、教育推广于一体的文化新地标，首次集中性地展出了超过 1500 件（套）珍贵文物，包括三星堆遗址最新考古发现的青铜神坛、骑兽顶尊人像等。馆内系统梳理展陈了数十年来考古发掘出的文物重器，并通过沉浸式展陈设计完整呈现了古蜀文明的神秘图景。新馆的落成标志着三星堆遗址保护利用工程取得里程碑式进展。

（一）"三星伴月——灿烂的古蜀文明"综合馆

作为全景展示三星堆文化的核心区域，综合馆以"多维叙事·文明解码"为策展理念，系统展陈金、铜、玉、石、陶等八大类文物。展厅依托"纵向贯通三千年，横向勾连古蜀国"的立体叙事结构，以类设题，因题见意，深度阐释古蜀文明发展脉络与三星堆古国的辉煌成就。

核心展项由三大艺术装置构成：三星堆遗址全景动态沙盘、以神坛底部青铜神兽为原型创作的"天地灵枢"主题雕塑，以及采用矿物颜料绘制的巨幅壁画《长江文明之源》。展馆共设置六大主题单元：

第一单元｜文明肇始：雄踞西南——古蜀两千年王权演进史
第二单元｜经济图谱：物华天府——农耕文明与青铜时代的商贸体系
第三单元｜造物智慧：化土成器——从陶窑遗存到古蜀制陶工艺

第四单元｜精神图腾：以玉通神——礼器制度与玉石崇拜的考古实证
第五单元｜冶金奇迹：烈火熔金——青铜文明的技术密码
第六单元｜宇宙图式：通天神树——多维空间中的古蜀精神世界

（二）"三星永耀——神秘的青铜王国"青铜器馆

青铜器馆以"人神交响"为展示主题，构建出沉浸式的青铜文明场域。入口处8米高的青铜人首鸟身像"天地使者"与錾刻巴蜀图语的铜质浮雕"神谕之墙"，共同营造出庄严神秘的观展氛围。六大展厅通过"器物、信仰、仪式"三位一体的叙事逻辑，系统解构三星堆青铜文明体系：

一厅｜神面玄机：铜铸幻面——从人面到神格的符号演变
二厅｜巫觋宇宙：赫赫诸神——多维空间中的灵界序列
三厅｜通天祭典：人神共舞——青铜礼器与祭祀仪轨重构
四厅｜权力图腾：群巫之长——青铜立人与古蜀政教体系
五厅｜宗庙重器：神权物证——青铜神坛的考古解码
六厅｜发现之路：心路历程——三星堆发掘史学术档案

（三）出境展览

三星堆博物馆始终致力于深化国际文化交流与馆际协作网络，通过文物外展与联合策展构建多元文明对话平台。在国际传播方面，青铜神树、黄金面具等代表性文物已跨越四大洲，在美国大都会艺术博物馆、大英博物馆等全球顶级文化机构进行过特展，观展人次众多。在国内协同发展方面，三星堆博物馆先后与故宫博物院、上海博物馆等15个省级以上文博单位建立长效合作机制，策划"古蜀文明巡礼"等专题展览。这种立体化的交流体系不仅使三星堆文化IP的全球认知度提升了很多，更催生了中意文物保护技术联合实验室等多个跨国研究项目，还成功推动了3项青铜器修复技术列入国际文化遗产保护名录。

（四）文物修复馆

三星堆文物保护与修复馆于2021年9月28日试运行，首度向公众呈现了三星堆遗址祭祀坑最新出土文物的修复现场。这座具有创新性的展馆采用通透的玻璃隔断设计，打造出沉浸式文物修复场景，游客可近距离观摩文物修复师是如何对出土遗存进行科学化、精细化的保护处理的。

修复馆不仅实现了考古现场与展陈空间的时空对接,更通过"边修复、边展示"的活态展陈模式,让文物保护过程成为可感知的文化传播载体。

(五)"古蜀之眼"——三星堆博物馆新馆

三星堆博物馆新馆于 2023 年 7 月 27 日惊艳启幕,以"堆列三星,古蜀之眼"为设计灵魂,将千年文明密码镌刻于现代建筑之中。其蜿蜒流转的螺旋曲线外立面,宛若星河落九天,暗合古蜀先民"天人合一"的宇宙观,在建筑与苍穹的对话中演绎着文明的诗章。

在这座建筑面积达 5.5 万平方米的文化殿堂内,2.2 万平方米的展陈空间宛如时光隧道,引领我们徜徉在逾 1500 件(套)文物精粹中:青铜神坛的神秘纹饰诉说着祭祀密码,骑兽顶尊人像的恢宏气势再现古蜀威仪。三大主题展区构建起完整的叙事体系——"世纪逐梦"展现考古人的世纪求索,"巍然王都"还原古蜀都城的盛世图景,"天地人神"解码三星堆的信仰体系。

展陈突破传统模式,通过全息投影构建的青铜立人幻境、AR 技术重现的祭祀场景、270 度环幕演绎的宇宙星图,打造出虚实交织的沉浸式体验。建筑本身亦是生态智慧的结晶:智能温控系统守护文物安全,光伏屋面可实现能源自给,雨水回收装置则彰显可持续发展理念。

作为国家级考古遗址公园的核心载体,新馆不仅构建起一个多维度学术研究平台,更通过数字文物库、云展览等创新形式,让沉睡的文物在数字世界焕发新生。这座跨越时空的"古蜀之眼"以当代建筑语汇诠释古蜀文明,向世界展现中华文明多元一体的宏大篇章。

任务二　三星堆典型文物及遗址介绍

一、青铜器

(一)商戴金面罩铜人头像

1. 文物简介

商戴金面罩铜人头像是商代青铜艺术珍品,展现了古蜀文明精湛的金属加工技艺。其核心特征为覆盖整个面部的黄金面罩,该面罩采用高纯度黄金经反复捶揲成 0.2 毫米薄片后打造而成，精准贴合青铜头像轮廓。面罩覆盖范围自额际延伸至下颌，侧缘包裹耳廓并穿过耳垂孔洞，眼部与眉部采用透雕工艺形成镂空结构。尤为值得注意的是，面罩与青铜基体依赖生漆混合石灰的天然黏合剂实现了稳固结合，这种 3000 年前的复合黏接技术至今仍保持完好。

2. 文化内涵

该文物深刻反映了古蜀宗教体系的等级制度与物质崇拜。考古研究表明，黄金面罩并非单纯的装饰，而是具有特定仪式功能的宗教圣物。在宗庙祭祀场景中，贴金神像象征着超越凡俗的神性权威——黄金的永恒属性被赋予了"通神媒介"的宗教意涵，既强化了祭祀对象的神圣地位，又通过物质转化达到了"以金娱神"的祭祀目的。截至 2024 年，三星堆遗址出土的 57 件青铜人头像中仅有 4 件饰有金面罩，这印证了此类特殊造像代表的是祭祀体系中的高阶神祇或祖先神。

（二）商青铜纵目面具

1. 考古发现

1986 年出土于四川广汉三星堆遗址 2 号祭祀坑的商青铜纵目面具（见图 4-3）（编号 K2②：148），是迄今发现尺寸最大的商代青铜面具类文物。其恢宏的造型尺度（通高 66 厘米，通宽 138 厘米）与超现实的五官特征，构成了三星堆文明最具辨识度的文化符号。

图 4-3 商青铜纵目面具

2. 形制特征

该面具具有高度程式化的艺术表现：额部中央设祭祀安装孔，倒八字形刀眉斜飞入鬓，直径13.5厘米的柱状眼球向前突出达16厘米，眼廓装饰条形加固箍带；鹰钩状鼻梁隆起高达21厘米，鼻翼造型融合勾云纹饰与马蹄形孔洞；长达70厘米的尖耳呈斜向伸展，耳廓阴刻云雷纹；口部曲线延伸至面颊两侧，舌尖微露形成神秘笑靥，下颌方正并饰有加密的络腮胡须浮雕。这种"目纵千里，耳听八荒"的夸张造型，与《华阳国志》"蜀侯蚕丛，其目纵"的文献记载形成互证，多数学者认定其为古蜀先王蚕丛的神化形象。

3. 祭祀功能

面具两侧的矩形穿孔与额部方孔显示其原应装配于木质或铜质支撑构件，考古复原表明该面具当为宗庙核心祭祀场的中心圣物。作为古蜀"目祭"仪轨的重要载体，其双目造型可能象征着观测天象的视觉神力，夸张的听觉器官则暗含"聆听神谕"的宗教诉求。这件重达71.1千克的青铜礼器，既是中国上古时期规模最大的单体青铜面具，也是三星堆神权政治的物化体现。

超现实的造型赋予这尊造像威凌八方的气势，其神秘静穆与威严庄重之态形成强烈的视觉威慑。究竟是天神显圣还是人界至尊？最令人瞩目的当数那双极具张力的纵目与阔耳——这究竟是象征"视通万里，耳听四方"的神异禀赋，还是暗含更深层次的文化密码？《华阳国志》记载古蜀始祖蚕丛"目纵"的特征，而上古神话中执掌昼夜明晦的烛龙亦被描述为"直目正乘"。可见这件纵目面具的造型渊源，极可能糅合了蚕丛始祖崇拜与烛龙天神信仰的双重意象。值得注意的是，与该文物同坑出土的青铜戴冠纵目面具，其目部造型与《山海经》所述烛龙"直目"特征更为契合，这似乎暗示着不同面具可能承载着差异化的信仰功能。

这件商代铜纵目面具以震撼性的体量尺度与突破性的艺术构思令人惊叹。流畅劲健的轮廓线条勾勒出充满张力的形态，与超现实造型中达成精妙的视觉平衡。外凸的球状双目与扇形巨耳构成核心视觉焦点，三条凸棱铸就的抿嘴自鼻翼向耳际延伸，在威严中透出微妙笑意。尤为精妙的是，工匠通过造型语言的矛盾处理实现了多重意象的融合：纵目虽夸张外凸却无违和感，并将威慑力转化为神圣威仪；云雷纹饰装点的额部与鼻翼两侧既强化了面部的体积感，又承载着古蜀人对自然神力的原始信仰；双耳采用程式化的钩形纹样，在写实与抽象间建立起独特的美学范式。

作为早期青铜艺术的典范，该面具展现出惊人的造型把控能力。铸造者突破技术限制,通过线条的虚实对比、纹样的象征隐喻,构建出兼具仪式功能与审美价值的礼器。其直目特征不仅是图腾崇拜的物化表现,更折射出商周之际宗教观念的重要转型——当自然神祇逐渐被人格化的社会神取代,这种"人神同形"的造像方式,恰恰成为信仰体系演进的关键物证。面具嘴部那抹凝固千年的神秘微笑,或许正是远古先民在神灵崇拜与人文觉醒之间寻求平衡的艺术写照。

(三)商青铜立人像

1. 文物简介

在四川广汉市三星堆博物馆,陈列着一件商代青铜立人像(见图4-4)。这座现存最高、最完整的青铜立人像通高260.8厘米,采用分段浇铸法嵌铸而成。雕像主体中空,由人像与底座两部分构成:人物浓眉直目、高鼻阔嘴,头戴花状高冠;身着三层窄袖半臂式上衣,衣饰以龙纹为主,间饰鸟纹、虫纹与目纹,纹样繁复精丽;双手作环握中空状,双臂呈环抱之势于胸前;双足佩戴镯饰,赤足立于方形神兽底座。整体造型庄严肃穆,似在展现一位具有通天禀赋、执掌神权的远古领袖形象。因其恢宏气势与精湛工艺,这件青铜立人像被尊称为"世界铜像之王"。

图4-4 商青铜立人像

2. 青铜立人环管状手之谜①

三星堆遗址祭祀坑出土了数量庞大、种类繁多且神秘莫测的文物，充分证明了殷商中晚期至西周早期的古蜀国正处于一个原始宗教观念多元并存、各种文化繁荣发展的时期。10余年来，史学界通过对三星堆文物的研究，揭示了3000多年前古蜀先民对蚕丛、鱼凫、杜宇等祖先英雄的崇拜，以及对蚕、鱼、凫、竹、太阳、鸡、树、山等图腾与自然物的敬仰。

然而，尽管学界已确认了众多祖先崇拜与自然崇拜现象，三星堆大型青铜立人像的超常巨手造型，却迄今尚未从原始宗教崇拜角度获得全面阐释。有专家认为，这种独特的环管状巨手造型不仅代表着古蜀人特殊的"手崇拜"信仰，更蕴含着深远的宗教意义与文化影响。

古蜀文明的"手崇拜"特征在2号祭祀坑出土的大型青铜立人像上得到集中体现。该像通高约2.6米，头戴太阳纹冠冕，双臂呈祭祀姿态举于胸前，双手握成夸张的环管状造型。考古资料显示，三星堆出土的另一座头戴三叉高冠的青铜人像，其手部同样呈现环管状特征。值得注意的是，此类特殊手部造型并非孤例——陕西宝鸡西周墓葬出土的两件青铜人像（现藏宝鸡市博物馆）与之高度相似：

茹家庄1号墓出土男相立人像（西周中期，通高17.9厘米），秃顶隆鼻，双臂平举，双手握环；

茹家庄2号墓出土女相半身像（西周中期，通高11.6厘米），头戴三叉饰，双臂下垂握环。

这些青铜人像的出土地点恰为西周"強国"王族墓地，该方国与三星堆鱼凫族存在密切关联。据考证，"強国"可能是商周之际鱼凫族北迁至渭河流域形成的政治实体，抑或是参与武王伐纣的鱼凫部族因杜宇王朝崛起而滞留中原的军事集团。无论具体源流如何，两地青铜人像在环管状手部造型上的高度一致性，确证了其文化同出一源。这种特殊造型可能象征着祭祀仪式中通神法器的使用——当帝王或巫师挥舞包裹法器的双手时，就会在宽袍大袖的衬托下形成震撼的视觉效果。

我们对于超现实手部造型的解读，需避免将其简单归因于艺术夸张。更合理的解释或许是：祭司在举行巫仪时，双手持有环管状木质法器（青铜材质因过重不适合实操），这一动态场景通过青铜铸造得以永久保存。三星堆与宝鸡

---

① 参见彭元江：《试解三星堆立人环管状手之谜》，《文史杂志》，2005年第5期，58~60页。

出土的青铜人像，实为古蜀巫觋在宗教仪典中的真实写照，其凝固了3000年前神圣祭礼的经典瞬间。这种特殊手部造型既强化了祭祀场域的神秘氛围，也直观体现了"以器通天"的原始宗教观念。

更值得追问的是：古蜀人对环管状巨手的崇拜究竟源于何种观念？显然，这种由巨手握合形成的特殊结构所呈现的"环状管道"与其中的"虚空"，在古蜀先民的认知体系中承载着某种神圣的宇宙隐喻。

这一造像设计可视为对玉琮文化的创造性转化。须知新石器时代晚期至夏商时期，正值"天""天帝"等概念形成并广泛传播的信仰转型期，以玉琮为代表的玉石礼器随之在华夏大地兴起。作为重要的祭祀法器，玉琮以"内圆象天、外方法地"的空间建构，通过中空通道实现了"贯通天地"的仪式功能，成为沟通神明的物质媒介。古蜀统治阶层显然深谙此道——他们将造像的双手塑造为环管状的神圣符号，既是对玉琮"天地通道"理念的具象演绎，又是对祭司"通天者"身份的艺术化表达。当身着华服的祭祀者于缭绕烟气中高举这双象征神权的环管巨臂时，观礼者目睹的不仅是视觉奇观，更是权力话语的仪式展演。这种将宇宙观与统治术熔铸一体的艺术创造形式，至今仍令青铜人像散发着摄人心魄的精神力量。

值得注意的是，环管状双手所构建的"圆"与"空"，实为古蜀宇宙论的精妙图解。在三维空间中，紧握的双手与玉琮中孔形成同构关系：二者在二维投影中皆呈现完美圆形。这种对"圆"的执着，暗合了中国传统文化中"体圆用神"的哲学智慧——"圆"不仅象征天道的周流不息，其包裹的"虚空"更被赋予了"万物之橐籥"的意涵。与古蜀国关系密切的彝族留下的古文字为此提供了重要佐证：其宇宙符号"○⊙"中，外圈象征包容万有的开放场域，内点则象征永恒运动的宇宙枢机。由此观之，古蜀匠人精心铸造的环状手部空间，或许正是他们理解中的宇宙模型：其既是孕育万有的太初之"无"，亦是统摄天地的秩序之"有"。这种将抽象哲理转化为具象符号的思维能力，恰是中华早期文明实现精神自觉的重要表征。

环管状双手的造型特征以"圆"与"虚空"的哲学意象，深刻诠释了古蜀文明的宇宙认知。这一造型特征在中国道教文化中得到了更具象的哲学阐释——道教核心教义同样推崇"圆"的完满与"虚空"的玄妙，其标志性太极图以环形结构中的阴阳双鱼，完美演绎了阴阳相生的自然法则。其中最具哲学深度的诠释，当属道教最高神祇元始天尊的形象建构。值得注意的是，在部分道教典籍的记载中，"元始天尊掌中托举浑圆宝珠"，实质上是对"无极"概念的象征性演绎。在道教哲学体系中，"无极"即"虚空"，"虚空"即"无极"，二者共同指向宇宙本初无形无相的原初形态。《管子·心术上》所言"虚者万物之始也",正是这种哲学观的理论先声。道教学说认为,"无极"生化了"太极",再由"太极"衍化阴阳两仪,最终形成包罗万象的宇宙体系。因此,"虚空"与"无极"不仅是宇宙的原初形态,更是万物化生的根本基质。这种无形之道与有形之象的辩证关系,在环管状双手所构筑的"圆"形空间中实现了精妙的统一。

虽然道教作为建制宗教形成于东汉(25—220年),但其思想根源却深植于华夏文明母体,自中华大地萌发文明曙光之日起,道教的基因密码便已镌刻在这片土地的文化基因之中。三星堆大型青铜立人像那对极具视觉张力的环管状巨手所呈现的朦胧"虚空"意象,或可视为后世元始天尊双手"无极"概念的雏形,两者在哲学维度上存在着深刻的精神共鸣。

三星堆文化作为多元复合的文明体系,为中国道教提供了重要的文化养分。其中,最受古蜀先民崇奉的大型青铜立人像所特有的环管状巨手造型,以其超越时空的哲学穿透力,突破地域区隔与族群界限,最终升华为元始天尊的法相特征,在宗教艺术层面实现了文化符号的创造性转化。这种跨越3000年的意象嬗变,生动诠释了中华文明"道统相续,薪火相传"的文化传承机制。

三星堆出土的大量文物揭示了古蜀文明在宗教信仰层面的复杂性与多元性,其崇拜体系不但涵盖祖先英雄与图腾化的自然物象,更包含对"环管状巨手"这一独特符号的执着表达。此类崇拜特征不仅体现于三星堆青铜大立人像的夸张手部造型,亦可见于陕西宝鸡茹家庄的西周早期墓葬中出土的青铜人像——两者均通过超常规比例的管状双手设计,暗示出这类造型可能是象征祭祀权力的礼仪器物。

从信仰内核观之,古蜀先民对环管状巨手的崇拜或根植于其宇宙认知体系。这类造型与良渚玉琮"内圆外方"的形制理念形成跨时空的呼应,共同指向古代先民对天地沟通渠道的具象化表达。通过塑造此类具有仪式张力的视觉符号,古蜀统治阶层得以强化其作为"绝地天通"中介者的身份合法性。

值得注意的是,三星堆青铜人像的环管状双手设计已超越单纯的形态特征,凝结着更深邃的哲学思辨。这种将抽象宇宙观转化为具象符号的思维模式,在后续道教文化中有着清晰的承续:太极图式中的阴阳流转思想,以及元始天尊法器中象征宇宙本源的"混元珠"等,皆可视为对上古符号体系的精神延展。

作为文明的精神载体,三星堆青铜立人像不仅是精湛的青铜艺术杰作,更是解码古蜀宇宙观与权力叙事的关键密钥。对这些文化遗产的持续阐释,既为重构中华文明多元一体格局提供了物质佐证，亦彰显出人类在探索终极命题过程中形成的智慧共振。

（四）商青铜神树

1. 文物简介

商青铜神树（见图4-5），作为国家一级文物，于1986年在四川省广汉市三星堆遗址2号祭祀坑出土，现珍藏于三星堆博物馆。该批青铜神树共出土8棵，其中经修复的一号神树通高396厘米，是目前世界上现存体量最大的单体青铜文物。该文物出土时损毁严重，考古工作者共清理出2479块残片。现存神树顶端虽缺失，但根据残存部分的形态推测，其完整高度应接近5米。

图4-5 商青铜神树

神树基座呈圆形，由3组呈倒Y形的根状支撑构件承托主干。主体树干垂直向上延伸，分作3层枝干，每层各发3枝，共形成9条主枝。所有枝条均呈优雅的弧线下垂。中层枝条延伸出次级短枝，枝上分布着带镂空纹饰的圆形构件与花蕾状装饰，每朵花蕾顶端铸有昂首振尾的立鸟。枝条末端装饰着由长短两片镂空叶形饰包裹的尖桃状果实。值得注意的是，每层树干均有一枝特殊分叉结构，延伸出两条长枝并结有大型果实。

全树共铸9鸟立于果枝之上，树干侧面更有蜿蜒而下的龙形装饰，龙首下探、龙尾高扬，形成强烈的动态视觉效果。此件青铜神树不仅承载着古蜀文明"通天达地"的原始宇宙观，更代表着商代青铜铸造技术的最高成就，其采用的分铸焊接工艺、失蜡法铸造细节，以及对3.96米高度的整体稳定性控制，均展现出惊人的技术水平。

作为中国古代神话"扶桑若木"的立体呈现,该文物于 2002 年入选国家文物局《首批禁止出境展览文物目录》,成为见证中华文明多元一体格局的核心物证。其复合铸造工艺至今仍为冶金史研究的重要课题,树体分铸的 27 个组件通过 54 处铸接、12 处焊接形成整体,充分体现了三星堆先民卓越的技术智慧。

2. 文物故事

关于青铜神树的象征意义,学术界仍存在诸多争议,但普遍认同其作为"神树"的宗教属性。目前学界主要存在以下几种观点:其一,其造型与《山海经》所载"建木"相类,作为连接天地人神的媒介,象征着古蜀统治阶层对宗教权力的垄断;其二,有学者将其考释为《山海经》中的"若木"而非建木;其三,部分研究者提出该树具有"社"的祭祀功能,与古籍记载的"桑林"相仿,应视为社稷之树;其四,持宇宙树说的学者认为其承载着古蜀先民的空间认知体系,构成独特的世界观模型。

近年来,持日晕崇拜说的学者从天文神话角度提出了新解:青铜神树的造型可能源自对日珥现象的具象化表达,融合了东方扶桑与西方若木的双重意象。据《山海经》记载,十日神话中太阳的运行由神鸟负载完成,这种将禽鸟作为太阳载体的观念在人类学研究中具有普遍性。三星堆青铜神树 3 层 9 枝的结构设计(现存 9 鸟)恰与"扶桑载十日"的传说形成对应——学者推测顶端缺失的第 10 枝或暗合"值日金乌"的象征,亦可能是创作者有意留白的艺术表达。

值得注意的是,除上述神话信仰外,该神树尚兼具多重神话特征:其枝叶花果的造型元素与建木特征相符,黄蛇纹饰暗合"众帝所自上下"的传说;地理方位上,其出土于成都平原腹地,恰与古代"天地之中"的宇宙观相契合,形成"地心圣树"的象征体系。基于此,有专家提出三星堆神树实为上古多重神树崇拜的复合体,其核心功能在于构建人神交通的垂直通道——树身盘踞的龙形造像,或即巫师"乘蹻升天"的灵媒载体。这种多维度的象征组合,生动展现了古蜀文明独特的宗教想象与宇宙认知。

(五)商青铜太阳形器

1. 文物简介

商青铜太阳形器(见图 4-6)出土于三星堆 2 号祭祀坑,直径约为 85 厘米,形状酷似车轮。学者们普遍认为,其是古代人民精心塑造的太阳形象。

对太阳和太阳神的崇拜,是人类早期共同的文化心理,在世界各地文明的早期岩画和文物中,有关太阳的图案或纹饰不胜枚举,但以青铜实物形态来表现太阳却是很少见的。该文物的太阳轮上设有小孔,据推测是要借助这些孔洞将其钉挂起来,作为太阳的象征接受人们的膜拜。

2. 文物故事

三星堆出土的商青铜太阳形器长期以来被视为文物中的珍品,其特殊的形态通常被释为古蜀人对太阳崇拜的象征。我们可以想象,在农耕社会,人们对太阳的崇拜几乎是不可避免的,因此该观点具有一定的合理性。不过,中国作家协会会员、中国科普作家协会会员及世界科幻小说协会会员,曾担任中国地质作家协会副主席的刘兴诗却持相反观点。他认为,在三星堆文明的鼎盛时期,气候变化十分剧烈,干旱和洪水频发。根据史书记载,当时人们普遍进行求雨活动,这说明太阳并非人们崇拜的对象而是令人畏惧的存在。他认为,青铜太阳轮上的设计可能意味着想要限制或控制太阳的光芒与热量,从而表达出对太阳的恐惧与不满。

图4-6　商青铜太阳形器

他指出,将太阳轮视为盾牌上的装饰品的说法也存在一定的争议。自然界及人类都偏好对称性,因为对称不仅美观、简洁且稳定。那么,为何商青铜太阳形器的构形选择了五道芒而非更常见的四道或六道呢?考虑到古代测量技术的限制下实现圆周等分的难度,这种设计背后必有其特殊意义。或许我们可以从金沙遗址出土的太阳鸟雕像中找到线索:该雕像拥有完美的平衡感、流畅动感以及强烈的视觉冲击力;它不仅仅是一件艺术品那么简单,还蕴含了古人对于天文历法知识的理解,通过数字"十二"代表一年中的月份以及四季变化来体现这一点。

二、金器

（一）商金杖

1. 文物简介

商金杖（见图4-7），是出土于三星堆1号祭祀坑的珍贵文物，总长1.42米，直径2.3厘米，重量约为500克。它是同时期出土的金器中最大的一件。该金杖是通过将金条锻打成薄片后包裹在木杖上制成的；当它被发现时，其内部的木杖已经炭化，只留下了金质外壳，里面还夹杂着一些炭化的木屑。

图4-7　金杖

金杖一端长达46厘米的图案部分共由三组图样组成。最靠近端部的一组展示了两个戴着五齿巫冠、佩戴三角形耳坠的人头像，它们面带微笑且前后对称排列；其余两组则描绘了背对背的鸟与鱼形象，并在它们的脖子上方或下方各放置了一个箭矢状物体。这些复杂的图案究竟代表了什么呢？学者们对此提出了不同的解释。例如，2006年发表在《江汉考古》杂志上的一篇文章——《三星堆金杖图案内涵及金杖新论》指出，这可能是反映了以鱼类和鸟类作为祖先崇拜象征的两个不同部落，联合建立了所谓的"鱼凫王朝"。而另一种解释则认为，这种设计可能发挥了连接天地的桥梁作用，象征着金杖使用者蜀王利用此物与神灵沟通并组织活动的能力。总的来说，目前关于其确切含义仍然存在争议，需要进一步研究才能得出结论。

2. 文物故事

关于金杖的本质属性，存在诸如"王权象征""法术道具""祭祀用具"，以及作为祈求民族或国家繁荣的"神圣器物"等多种说法。大部分学者认为，在古蜀国独特的政教合一制度下，金杖是"君权的象征"，不仅代表着统治权力，也象征着神圣不可侵犯的地位。

根据古代文献记载，中国历史上的夏、商、周三代王朝都将"九鼎"视为国家至高无上的权力象征。相比之下，三星堆文化以"杖"作为权力的标志，揭示了古蜀与其他中原王朝文化内涵的差异，展现了其深厚的宗教色彩和地域特性。在地中海周边地区的古希腊、古埃及、古巴比伦以及其他西亚文明中，杖状物品也常被用作神权和王权的最高象征。因此，一些专家推测，金杖的文化元素可能源自西亚近东的文化传统，这反映了上古时期文化交流与借鉴的历史过程。

（二）K5 黄金面具

1. 文物介绍

2021 年 K5 黄金面具出土于三星堆遗址祭祀区的 5 号坑中，出土时变形严重仅存约半，其重量约 280 克，宽度约 23 厘米，高度约 28 厘米。K5 黄金面具是金银合制品，其含金量在 84.47%～85.33% 之间，含银量为 13.8%～14.25%。它的方形面部、镂空大眼、三角鼻翼以及宽大的耳朵等特征，与三星堆以前出土的金面具风格十分相似。据发掘者推测，它可能也是覆于铜头像或其他材质的面具之上。

2. 文物故事

K5 黄金面具的发现过程充满了惊喜。2021 年初，考古队队员在清理 5 号祭祀坑时，发现了一堆破碎的象牙和青铜器残片，其中夹杂着一些皱巴巴的金箔。经过仔细清理，这些金箔逐渐展开，显露出一张残缺的金面具——虽然只有半张脸，但其震撼的造型和精湛的工艺立刻震惊了考古界。由于面具出土时已严重变形，修复团队耗费数月时间，才让它重新展现出三千多年前的模样。

关于这件面具的主人，学者们提出了多种猜想。有人认为它属于某位古蜀国王或大祭司，是权力与神性的象征；也有人推测它可能是祭祀仪式中使用的"神面"，代表某位天神或祖先。有趣的是，它的造型与《山海经》中描述的"纵目"神人颇为相似，或许印证了古蜀国的神话传说。此外，面具的黄金来源也是一个谜——四川并非黄金产地，这些黄金可能通过贸易或贡赋来自遥远的西域或云南，暗示着三星堆文明与外界存在广泛的联系。这件黄金面具不仅是一件艺术品，更是一把打开古蜀国神秘历史的钥匙。

三、重要遗迹

（一）西城墙

西城墙位于三星堆遗址的西北部，坐落于鸭子河与马牧河之间的高地上，整体呈东北至西南走向。现存墙段总长约 600 米，顶部宽度 10~30 米，底部宽度 35~50 米，城墙高度 3~6 米。城墙中部和北部分别有一个 20 多米宽的缺口，将西城墙划分为北段、中段和南段三个部分。特别的是，城墙中段南端在一处缺口处向东转折延伸了约 40 米，几乎与北段垂直相连。通过对城墙的局部发掘以及对从鸭子河和马牧河中冲刷露出的城墙剖面和夯土内包含物的研究，我们可以发现西城墙的结构、规模、建造技术及年代与南城墙和东城墙高度相似。

（二）月亮湾城墙

月亮湾城墙位于三星堆遗址的中北部，坐落在月亮湾台地的东缘。这座城墙可以根据其走向被划分为南北两段，其中北段呈东北至西南方向延伸，南段则稍向东偏转，大致沿正南正北方向延伸。整条城墙与西城墙的北段几乎平行。现存的部分城墙总长度约为 650 米，顶部宽度大约 20 米，高度在 2.4~5 米之间变化。城墙的北部起点底部宽 30~45 米不等，中间有一个拐角，夹角为 148 度；北端折角的角度为 32 度；到了南段则恢复成标准的南北走向。特别值得注意的是，城墙靠近南段的部分因受到农业活动的影响而显得更加高耸宽阔，达到了 80 米之宽。此外，在城墙的外侧（即东面）还挖掘出了一条壕沟作为防御措施之一，该壕沟宽度介于 40~55 米之间。通过对断面进行考察发现，这条壕沟从地表向下深入了 3.5 米，而从开口到底部的距离则是 2.95 米。

（三）三星堆城墙

根据对古城遗址的考察与研究，三星堆古城墙的总长度为 260 米，基础宽度为 42 米。在城墙南侧发掘出一条宽度 30~35 米的壕沟，该壕沟距地表深 2.84 米，壕沟深达 2.4 米。此外，城墙上有两个缺口，形成了俗称的"三堆"。据考，这些缺口的形成时间不早于明代。因此，我们可以确认三星堆应当是一段内城墙。一些学者错误地将三星堆视为祭坛或土坛，这种说法应当被纠正。

三星堆城墙位于整个遗址的南部，其走向由西北向东南延伸。西北端现存地面部分较多,长约 40 米;而东南端则接近马牧河岸边,仅存少量夯土痕迹,但仍可大致看出原城墙的分布情况。通过解剖和调查资料分析得知,三星堆城墙残存部分的高度约为 6 米,顶部宽度在 5~7 米之间,底部宽度在 40~45 米之间。无论是从结构、建造方法、规模,还是内部包含物的性质来看,这段城墙都与其他东、西、南方向上的城墙基本一致,唯一的区别是顶部较其他部分略窄。

（四）祭祀坑

在三星堆的城墙东南方向约 50 米处,分布着两个著名的祭祀坑。这两个坑相距 25 米,是三星堆遗址中最重要的考古发现之一。它们的走向一致,都是从东北到西南,形状为长方形,口部较底部宽大,且坑壁整齐,内部填土经过夯实处理。

1 号祭祀坑（见图 4-8）的尺寸在 4.5~4.64 米之间,宽度在 3.3~3.48 米之间,深度介于 1.46~1.64 米之间。坑口三面各有一条宽约 1 米、长 0.34~3.85 米的坑道,对称地向外部延伸。2 号坑则没有坑道,其大小约为 5.3 米长,2.2~2.3 米宽,深度在 1.4~1.68 米之间。

图 4-8　1 号祭祀坑

坑室内的物品分层摆放,这种现象极为罕见。大多数器物在被埋藏前或埋藏过程中明显遭到了有意的焚烧和破坏:有些烧焦发黑、崩裂变形,甚至发泡熔化;有些则残损断裂,散乱分布在坑中的不同位置。部分青铜器、头像及面具上还发现了口部涂朱或眼部描黑的情况。

1号坑共出土了各种文物567件，包括178件青铜制品、4件黄金制品、129件玉器、70件石器、13根象牙、124件海贝、10件雕有云雷纹的骨器以及39件完整陶器和大约3立方米的烧骨碎渣。

2号祭祀坑相较于1号祭祀坑，其出土的文物数量更多，达6095件（含碎片可识别的个体）。其中包含736件青铜制品、61件黄金制品、486件玉器、15件石器、3件绿松石、67件象牙、120颗象牙珠、4件象牙器、3个虎牙和4600枚海贝。

两坑出土的器物种类繁多，除了一些中原地区夏商时期常见的青铜容器和玉石器以及巴蜀文化常见的陶器，还包括许多以前未曾在考古发掘中出现过的新类型物品，例如青铜群像、青铜神树群、太阳形器、眼形器、金杖和金面罩等。这些器物不仅数量庞大，种类丰富，而且具有新颖神秘的外观和复杂的文化特征。它们造型独特，规格高，制作精良，展现了商代蜀国高度发达的青铜铸造技术、黄金冶炼加工技术和玉石器加工技术，以及独特的审美意识和宗教信仰。1、2号祭祀坑不仅是整个三星堆遗址的精华所在，也是古蜀文明最高成就的代表。它们的发现为研究中国巴蜀地区青铜时代的历史提供了宝贵的实物资料，填补了中国青铜艺术和文化史上的一些重要空白，极大地改变了人们对商代四川盆地社会发展水平的传统认识，引发了人们对中国古代文明起源和早期发展历程的重新审视，在中国考古学研究中具有不可替代的地位。

任务三　三星堆遗址景点导游词示例

一、部分景点导游词示例

（一）商金权杖（所选主题：古蜀文明的辉煌篇章）

各位游客朋友，欢迎来到这片充满神秘色彩的历史圣地。您现在踏足的黄土堆，正是3000多年前古蜀文明的核心区域——三星堆遗址，这里已被列为"全国重点文物保护单位"。自20世纪以来，大量珍贵文物在这片古老土地上相继现世，特别是1986年夏秋之交，两个大型祭祀坑的发现与上千件文物的出土犹如平地春雷，不仅震惊全国，更轰动世界。

神秘、神奇、神圣是三星堆的文化特质。朋友们，这"三神"究竟如何体现？请看眼前这根金杖：它通体纯金打造，全长 1.42 米，直径 2.3 厘米，重约 500 克。杖首雕刻着精美纹饰，分三组图案（见图 4—9）——最外一组为两个对称的含笑人面，头戴五齿高冠，耳垂三角坠饰；内层两组图案上部是双鸟对首，下部为两鱼相背，鱼颈处各压着一支箭形饰物。

图 4—9　金杖图案

这些神秘符号暗藏何种玄机？对此，学界有诸多解读：其一，人面纹与 2 号坑青铜立人造型相契，象征蜀王拥有的至高权力；其二，通天之鸟与入渊之鱼，暗喻蜀王沟通天地之能；其三，箭饰代表武德，整体图案蕴含吉祥寓意。另有学者提出，此杖或是祭祀太阳神的法器：人面象征日轮，飞鸟表征阳气，游鱼指代阴晦，羽箭则暗喻阳光升腾。

三星堆不仅给予了我们诸多未解之谜，更让我们惊叹先民的智慧。古蜀文明恰似一部镌刻在时光中的典籍，而这柄黄金权杖，正是其中最璀璨的篇章。它见证着古蜀王朝的辉煌盛世，每道纹路都流淌着远古的故事。当您驻足凝视这件千年遗珍时，仿佛能听见神秘的古蜀乐章在时空深处回响。

虽然岁月模糊了图案的确切含义，但随着考古研究的深入，相信会有更多谜题被解开。接下来，让我们移步青铜馆，共同探寻那株通天彻地的青铜神树！

（二）商青铜立人像（所选主题：自然与神祇的和谐共存）

各位游客，欢迎大家来到三星堆。现在我们脚下的这片黄土堆，正是 3000 多年前古蜀国都城——三星堆遗址的核心区域。

在那个神秘的青铜时代，人们深信自然与神祇之间存在着微妙而神圣的联系。工匠们为表达对这种天人关系的崇敬，铸造了眼前这座青铜立人像。它不仅凝聚着古蜀先民对神灵的敬畏之情，更展现了他们对宇宙秩序的深刻认知。

商青铜立人像通高262厘米，由172厘米的人像与90厘米的底座共同构成，是目前国内发现年代最早、体量最大的青铜人像杰作。其头戴莲花兽面纹高冠，后脑凹槽原应插有发簪。人像的服饰尤为考究：其外着单袖半肩衣，佩方格编织绶带，襟饰已脱落；右襟饰双龙纹，左襟蝉纹与虫目纹相间。中层为V领短袖，背部饰卷龙纹；内层深衣前裾齐整，后裾垂踝，均饰兽面纹锯齿冠。双足戴镯，赤足立于兽面台座之上。

其独特的环管状巨手造型，实为古蜀文明对玉琮文化的创造性转化。自新石器时代至商周时期，玉琮作为"内圆象天、外方法地"的礼器，始终被古人视作沟通天地的重要媒介。古蜀统治者以巧妙的形式将这种宇宙观具象化：放大的环管状双手，既彰显了其"绝地天通"的神权地位，又创新性地将玉琮的空间结构转化形成了人体的造型语言。

因此我们说，这尊青铜造像绝非一件冰冷无用的器物，而是深深凝结着古蜀先民的哲学智慧。透过它，我们得以揭开这个古老文明的神秘面纱，感受先人对宇宙的虔敬之心，以及追求天人合一的永恒理想。

关于商青铜立人像的讲解暂时告一段落。接下来，让我们移步青铜神树展区，共同探寻"十日神话"的考古实证。

（三）商青铜太阳形器（所选主题：穿越时空的神秘之旅）

各位游客，大家好！

欢迎来到三星堆博物馆。这里展出的每一样文物，不仅是古蜀文明智慧的结晶，更为您开启了一场跨越3000年的时空对话。当您驻足在这些恢宏的青铜器面前，仿佛能触摸到古蜀匠人炙热的体温，听见他们铸造时的铿锵锤音。每一道铸造痕迹都镌刻着文明的密码，每一抹铜绿都沉淀着时光的故事。接下来，让我们共同开启这段震撼心灵的青铜文明探索之旅。

现在展现在我们眼前的这件形似方向盘的器物，便是三星堆最具辨识度的"商青铜太阳形器"。这件直径85厘米的青铜重器采用同心圆结构：中央凸起的阳面象征日轮，五道等距放射的青铜芒条如同太阳金芒，外圈同心圆则构成太阳光晕。特别值得注意的是，这五根芒条将圆周精准均分为五等份，各区间误差不超过1度。在缺乏精密测量工具的青铜时代，古蜀工匠如何实现如此精确的五等分定位？这个千古之谜在留待我们思考的同时，也成了三星堆登峰造极的青铜铸造技艺的见证。

关于这件商青铜太阳形器的象征意义,学界普遍认同其有着太阳崇拜的属性。中央阳面象征太阳本体,放射状芒条对应太阳光芒,外圈光晕暗合日晕意象。在农耕文明中,太阳决定着作物荣枯与四季轮回,三星堆遗址出土的各类太阳纹饰印证了古蜀人炽烈的太阳崇拜情结。值得注意的是,全球早期文明中虽普遍存在太阳崇拜现象,但以青铜实体具象化太阳信仰的案例却极为罕见。这件直径近1米的商青铜太阳形器究竟承担着怎样的祭祀功能?是通天彻地的宇宙模型?还是部族盟誓的礼器重宝?这些谜题仍需考古学家持续探索。但可以确信的是,在古蜀王庄严的祭祀圣殿中,这件承载着先民宇宙观的神器,必定寄托着其对风调雨顺、国泰民安的美好祈愿。

关于商青铜太阳形器的解读暂时告一段落。接下来,让我们移步参观被誉为"千里眼顺风耳"的青铜纵目面具,共同探寻古蜀文明的神秘图腾。

(四)三星堆青铜神树(所选主题:未解之谜的奇幻探索)

各位游客,大家好!

欢迎来到三星堆博物馆!这里展出的每一件文物都承载着厚重的历史密码,是打开古蜀文明神秘之门的重要钥匙。通过近距离观察这些国宝级文物,我们将能更直观地感受古蜀先民的生活方式、精神信仰与艺术造诣,相信今天的参观定能让大家收获满满。

首先请大家将目光聚焦在这尊青铜神树上。这件国宝级文物由底座、主干和龙形饰件三部分构成,采用分段铸造技术,综合运用套铸、铆接、嵌铸等复杂工艺,精心制作而成。其顶部及龙尾虽略有残缺,但通高3.96米的庞大体量,已令其稳居我国已出土青铜器高度之冠。

仔细观察可以发现,神树矗立于象征"三山拱卫"的穹形神山基座之上。底座由三组透雕云雷纹的弧边三角形构成,内收式三足承托,表面錾刻太阳芒纹与云气纹饰。主干自山体中心拔地而起,分作三层九枝,每根枝丫末端均分叉出两枚反向生长的果枝,枝端各栖一只昂首向天的青铜神鸟。

最引人注目的是沿树干盘桓而下的龙形饰件:龙首低垂贴近基座,马面龙身的造型虽尾部残缺,但昂扬的姿态仍传递出蓄势腾空的动感。在传统文化中,龙被视为沟通天地的神兽,《山海经》中亦有"神人驾龙,出入建木"的记载,这与青铜神树作为"人神通道"的象征意义完美契合。其造型既暗合了《淮南子》中有关扶桑神树的记载,更彰显了古蜀先民对太阳的虔诚信仰,并表现出令人惊叹的青铜铸造技艺。

关于这株神树造型的由来，学界目前主要有两种观点：或认为是古蜀人宇宙观的具象化表现，或推测与古代天文历法存在关联。站在它的面前，我们仿佛能触摸到3000年前的文明脉动。无论其具体寓意如何，这件青铜瑰宝都生动诠释了先民对自然伟力的敬畏之心和对宇宙奥秘的不懈探索精神。

各位游客，三星堆的未解之谜远不止于此，接下来让我们移步隔壁展厅，揭开青铜纵目面具背后的神秘面纱！

（五）黄金面罩铜人像（所选主题：艺术与科技的远古交汇）

各位游客，欢迎大家来到三星堆。如果说秦始皇陵的兵马俑以成千上万的陶俑展示了古代中国中原地区的雄浑力量，那么三星堆的青铜艺术则以其数以百计的人物和兽面雕像构建了一个令人遐想无限的神秘古蜀世界。这些珍贵的文物不仅展现了商周时期古蜀国高度发达的青铜文明，更是古人智慧与哲思的深刻体现。

三星堆遗址是中国迄今为止发现的年代最久远、规模最大的青铜人像遗址群，其中最具代表性的就是我们今天的重点——金面青铜人头像（见图4-10）。这件文物由两大主体构成：青铜铸造的头像与完整贴覆的金制面具。

图4-10　金面青铜人头像

其中，青铜头像顶部平展，发丝后梳成辫垂至肩背，用宽幅发带固定，展现出鲜明的地域民族特征。金面罩则采用整块黄金锤揲成箔，依面部轮廓裁剪成形，覆盖范围自额际延伸至下颌，两侧包覆耳部，耳垂穿孔，眼眉处施以镂空工艺。通过特制黏合剂（生漆与石灰混合物），金面罩得以与青铜基底完美贴合。值得注意的是，贴金面罩的造型与素面青铜头像保持着高度的形制统一。约在3000年前，古蜀人民就能掌握如此精妙的复合工艺，既印证了西南地区古代文明的高度发达，更彰显了其非凡的智慧造诣。

在古蜀信仰体系中，为青铜像施加金面的做法具有特殊宗教意涵。这不仅体现出古蜀人对黄金的珍视，更折射出他们对这种贵金属的神圣崇拜。这些专用于神庙祭祀的礼器，其表面的鎏金装饰绝非出于简单的审美需求，而是承载着特定的仪式功能与象征意义。据学者推测，金面或具有通灵媒介的作用，能够增强与神灵的沟通效能。同时，唯有具备特殊神格与权力的统治者，方有资格佩戴这种象征神性的黄金面罩。

历经三千余载风雨侵蚀，青铜表面已氧化形成斑驳的铜绿。然而当青翠锈色与璀璨金辉交相辉映时，两种材质竟碰撞出摄人心魄的视觉张力，为这个古老文明增添了更具层次的魅力注脚。无论其具体历史语境如何，这种独特的贴金工艺始终是古蜀文明最具标识性的文化符号，深刻体现了先民别出心裁的创造智慧，在中华文明谱系中具有不可替代的特殊地位。

好了，现在请大家随我移步参观下一件重磅展品——青铜纵目面具。

二、课后任务

请大家阅读以下导游词主题内容。

（一）三星堆遗址可选主题

1. 穿越时空的神秘之旅

立意概述：三星堆遗址仿佛一条穿越千年的时空隧道，带领我们亲眼见证古蜀国的辉煌与神秘。三星堆遗址的每一件文物，都是时间的低语，诉说着远古的故事。在这里，历史不再是枯燥的文字，而是触手可及的真实。让我们一同启程，探索这片神奇的土地，揭开古蜀文明的神秘面纱。

2. 未解之谜的奇幻探索

立意概述：三星堆是古蜀文明的璀璨明珠，其独特的文物与神秘的文化现象引人入胜。这里，青铜面具深邃的目光仿佛令我们穿越千年时空，巨大的青铜神树则彰显着古人对神灵的敬畏与想象。未解之谜层层交织，等待着勇敢的探险家前来揭开它的神秘面纱。

3. 古蜀文明的辉煌篇章

立意概述：三星堆遗址是古蜀文明的重要代表，具有极高的艺术价值。这里出土的精美青铜器、金器和玉器，反映了古蜀人的高超技艺和独特审美。通过这些文物，我们可以一窥古蜀国的繁荣景象和文物背后丰富的文化内涵。

4. 艺术与科技的远古交汇

立意概述：三星堆遗址揭示了古蜀文明在艺术与科技方面的非凡成就。这里的青铜神树、金面具等文物，不仅展示了当时精湛的金属冶炼技术，更反映出古代工匠高超的艺术创造力。每件文物都是科技与艺术完美融合的结晶，让我们领略到远古智慧的无穷魅力。

5. 自然与神祇的和谐共存

立意概述：三星堆遗址不仅是古代文明的见证，更是自然与神祇和谐共存的象征。在这里，古蜀人通过精湛的青铜器铸造技术，展现了对自然界的敬畏与崇拜。每一件出土文物都仿佛在诉说着人与自然相互依存、共生共荣的故事，让我们深刻感受到古代先民对天地神灵的敬仰之情。

6. 东西方文明的交汇点

立意概述：三星堆遗址展现了古蜀文明的神秘与辉煌。这片古老的土地不仅是中华文明的重要发源地之一，更是东西方文化交流的历史见证。从精美的青铜器到独特的金杖文化，每一处遗迹都透露着文明之间智慧与艺术的碰撞。

7. 人类共同记忆的珍贵碎片

立意概述：三星堆遗址展现了古蜀文明的辉煌与神秘，每一处发掘都牵动着世界的心跳。三星堆作为人类共同记忆中不可或缺的珍贵碎片，跨越千年时光与我们对话，让每一位到访者都能深刻感受到历史的厚重与文化的魅力，并激励其共同守护这份属于全人类的文化遗产。

（二）参考以上导游词主题完成课后任务

（1）请写一篇三星堆遗址的景点导游词。
（2）选择三星堆遗址任意景点进行模拟导游训练。

项目五　九寨沟

任务一　九寨沟景区

一、景区概况

九寨沟（见图5-1），坐落于中国四川省阿坝藏族羌族自治州，是我国首批国家级重点风景名胜区。1990年，九寨沟被列为"中国旅游胜地四十佳"之首；1991年，其美景再获国际认可，被列入联合国《世界风景名录》；1992年12月，经联合国教科文组织批准，九寨沟被列入《世界自然遗产名录》。自此，九寨沟成为全球旅游版图上的璀璨明珠，吸引着国内外游客前来探寻这个"梦幻世界"。

图5-1　九寨沟

九寨沟位于四川省西北部的岷山山脉南段，阿坝藏族羌族自治州九寨沟县漳扎镇境内，紧邻岷山南段弓杆岭的东北侧，其地理坐标横跨东经103°46′14″~104°5′3″，纵跨北纬32°54′13″~33°19′57″。九寨沟位于嘉陵江上游的白水江源头，距离成都市400余千米，面积广阔，达到650.747平方千米。

九寨沟内，有树正沟、则查洼沟、日则沟、扎如沟四大景区，每个景区下又细分出众多小景点。高原钙化湖群、钙化瀑布群和钙化滩流等水景规模宏大，形态各异，不仅数量众多，且景色绝美、布局精巧、环境幽雅。景区内森林茂密，植被覆盖率超过80%，拥有38种藤本植物和74种国家珍稀保护植物，同时栖息着122种陆栖脊椎动物，包括21种兽类、93种鸟类、4种爬行类和4种两栖类。

九寨沟集世界自然遗产、国家重点风景名胜区、国家5A级旅游景区、国家级自然保护区、国家地质公园、世界生物圈保护区网络等多重荣誉于一身，此外更是中国设立的首个以保护自然风景为主要目的的自然保护区。

二、地貌

九寨沟地势南高北低，山谷深邃。北部九寨沟口海拔较低，约2000米，中部山峰海拔均在4000米以上，南部更是高达4500米以上。主沟长达30多千米，峰顶和两侧山峰常年积雪。九寨沟地处青藏高原与四川盆地的过渡地带，地质构造复杂，碳酸盐分布广泛，褶皱断裂发育，新构造运动活跃，地壳抬升显著，多种地质力量交织，形成了多姿多彩的地貌景观。此外，大规模的喀斯特钙化沉积（以植物喀斯特钙化沉积为主），也在九寨沟多重自然风光的形成过程中发挥了重要作用。多种因素相互交织，造就了九寨沟集雅致的湖泊群落、奔泻湍急的溪流、水珠飞溅的瀑布群、深邃古老的密林、蜿蜒不绝的雪山顶峰等景致于一体的独一无二之美。

三、气候

九寨沟国家级自然保护区属高原湿润气候。春天气温较低且温差较大，平均气温多在9~18℃之间，4月前有冻土及残雪；夏天气温回升较快且稳定，平均气温在19~22℃；秋季天高气爽气候宜人，气温多在7~18℃之间波动，特别是10月后的深秋，昼夜温差较大，10月下旬后还会有冻土出现；冬季较寒冷、气温多在0℃左右。中心地带的诺日朗，年均温7.3℃。九寨沟降雨少而集中，年降雨量不足600毫米，7—8月是典型的雨季。

四、水文

九寨沟拥有 108 个高山湖泊，大小不一，小的仅半亩，大的超过千亩。九寨沟有许多湖泊，其中最大的湖泊为长海子，长达 7 千米，四周被茂密的原始森林环绕。九寨沟还拥有 17 处大型瀑布，以诺日朗瀑布最为壮观。

五、人文历史

（一）地名由来

九寨沟因景区内九个藏族村寨（树正寨、则查洼寨、黑角寨、荷叶寨、盘亚寨、亚拉寨、尖盘寨、热西寨、郭都寨）而得名，这些村寨又被称为"和药九寨"。

（二）宗教

九寨沟的藏族同胞信仰苯教。公元前 2 世纪，西藏的苯教传入阿坝地区，与当地原始的巫教融合。公元 6 世纪，苯教盛行；7 世纪，藏传佛教传入，与苯教发生冲突，但苯教因信众众多并未被完全取代，反而发展成为藏传佛教的一个派别，形成了独特的宗教文化景观。九寨沟的宗教民俗至今仍保持着浓郁的藏族传统：精美的服饰，剽悍的腰刀，香醇的青稞酒、酥油茶，洁白的哈达，欢快的踢踏舞，稳健的二牛抬杠等。

（三）神话传说

很久很久以前，男山神达戈和女山神沃诺色嫫（以下简称"色嫫"）相恋，他们爱上了山高林密、鸟兽和谐的九寨沟，决定留在这里，不料被潜入这里的恶魔蛇魔扎发现，蛇魔扎觊觎色嫫的美色，又反对达戈进沟，因此发动了赶走达戈、劫掠色嫫的战争。恶战中色嫫险些被恶魔抢走，她在慌乱中把达戈送给她的定情之物——风云宝镜掉落下地，镜子摔成了一百多个碎片，变成了散布沟内的一百多个海子（藏胞将高山湖泊叫作海子）。达戈和蛇魔扎从沟内打到沟口，达戈仍不能杀死蛇魔扎这恶魔，这时万山之祖扎依扎嘎伸出了援手，以一座屏风似的山崖挡住恶魔退路，将恶魔埋进山崖，只露出一张丑恶的脸，这个山崖就是宝镜岩，过去叫魔鬼岩，崖面上的鬼脸现在仍依稀可见。从此，九寨沟恢复了宁静和祥和，更因为有了一百多个宝镜碎片变成的五光十色的海子而美丽无比。山神达戈和色嫫在这里长住下来，成了神奇九寨的保护神。

（四）特色小吃

九寨沟的特色小吃有藏式小火锅、烤肠、凉拌核桃花、九寨菌煲、天麻乳鸽盅、洋芋糍粑、烤全羊、手扒牛排、九寨柿饼、九寨酸菜面等。

（五）价值意义

九寨沟不仅是岷山山系大熊猫岷山A种群的核心栖息地和迁徙走廊，还是全国生物多样性保护的关键区域之一。这里动植物资源丰富，具有极高的生态保护价值。九寨沟以翠海、叠瀑、彩林、雪峰、蓝冰、藏情并称"六绝"，被誉为"童话世界"和"中华水景之王"，旅游价值潜力巨大。同时，作为以地质遗迹钙化湖泊、滩流、瀑布景观、岩溶水系统和森林生态系统为主要保护对象的国家地质公园，九寨沟的科研价值也极高。

任务二　九寨沟景点介绍

一、树正沟

树正沟，被誉为九寨沟绝美风光的序曲，以其独特的魅力迎接每一位探访者的到来。在这条长达13.8公里的沟谷内，镶嵌着超过40个湖泊（当地人称为海子），占据了九寨沟湖泊总量的近四成。这些湖泊宛如40多面璀璨的明镜，沿沟绵延，交错分布，波光粼粼，碧波荡漾，与四周的飞鸟、摇曳的芦苇共同编织出一幅动人的画卷。树正沟的精华景点包括盆景滩、芦苇海、火花海、树正瀑布、犀牛海以及诺日朗瀑布，诺日朗更是3条主沟——树正沟、日则沟、则查洼沟的交汇点。

（一）树正群海

海拔位于2187～2280米之间的树正群海（见图5-2），是在河谷泥石流堆积的基础上，经过钙化沉积形成的奇迹。这里错落有致地分布着19个大小不一的湖泊，宛如层层堆叠的珍珠。森林、湖泊与瀑布交织在一起，构成了一幅

"树在水中生,水在林间流,人在画中游"的绝美画面。

图 5-2 树正群海

(二) 树正瀑布

树正瀑布,海拔 2295 米,高约 11 米,宽达 62 米,以其独特的圆弧状形态和多级跌落的水流著称。树正瀑布的水流源自无名海,该股水流沿着湖堤前行,漫过浅滩,被水中的树丛细分成无数条涓涓细流,并最终汇聚在树正瀑布顶端的山崖边缘,奔腾而下,水花四溅,形成了一片水帘又因其下形态各异的裙状与肺叶状钙华地貌作用,形成了多级圆润的瀑布景观。瀑布自高处倾泻入溪涧,姿态飘逸,其轰鸣声雄浑有力,与周围的白雪覆盖的山峰以及郁郁葱葱的绿树相映成趣,共同勾勒出一幅如印象画般的绝美画卷。在此瀑布旁留影,游人仿佛置身于诗意盎然的梦境之中。

(三) 树正寨

树正寨,一个隐匿于树正沟中的藏羌风情村落,背靠巍峨的达戈男神山,其海拔高达 4200 米,而前方则是波光粼粼的树正群海。在寨中,一座九宝莲花菩提塔巍然矗立,它是 9 个藏族村寨团结与和谐的象征,其中最为显著的一宝寓意着树正寨的繁荣。寨内还藏着一个民俗文化村,游客踏入此地,即可近距离领略九寨沟藏式建筑的独特韵味,欣赏门窗上绚烂的彩绘艺术,并深入体验藏民的日常起居、饮食、服饰等文化的丰富内涵。

九宝莲花菩提塔之下,古老的水磨房与栈道,仍在默默诉说着藏民往昔的故事,这里也曾是电影《自古英雄出少年》的取景地之一。沿着栈道悠然前行，两旁的高山柳展现着它们独特的生存智慧——它们拥有长长的红色须根，这是它们为了适应特殊水环境，汲取养分与氧气而进化出的神奇触须。

树正寨的对岸，是蟠龙坪，这里的景象令人称奇：每一株树木的根系都紧紧缠绕着一块巨石，而石块表面洁净如洗，不见丝毫泥土。然而，这些树木却仿佛拥有超凡之力，不仅牢牢扎根于石缝之间，更拔地而起，直指云霄，展现出非凡的高度与生命力。有许多粗壮的树根裸露于地面，蜿蜒曲折地穿梭于乱石堆中，其中一些竟长达 14 米，它们以顽强的姿态，向世人展示了生命的坚韧与不屈。

（四）火花海

火花海又称火花池，位于九寨沟的双龙海与卧龙海之间，海拔 2211 米，长 294 米，宽 232 米，深 16 米，库容 45 万立方米。然而，2017 年的 7.0 级地震导致火花海出水口堤坝崩塌，湖泊景观一度消失。经过科研人员的努力修复，火花海于 2021 年 9 月 28 日重新对外开放，并再次焕发出湛蓝色的光芒。其水面如镜，湛蓝深邃，四周被葱郁的林木紧紧环抱，湖水仿佛被层层翠绿轻轻托起，犹如一颗镶嵌于自然之中的翡翠。当清晨的薄雾渐渐散去，第一缕阳光温柔地洒落，湖面便会上演一场奇幻的光影盛宴——阳光在水面上折射跳跃，仿佛点点火花在水面上轻盈舞动，闪烁着迷人的光芒，这正是火花海美名的由来。

（五）芦苇海

芦苇海，海拔 2192 米，长 1520 米，宽 124～186 米，深 3 米，其以茂密的芦苇丛、清澈的溪流与飞翔的水鸟而闻名。芦苇海中间有一条被称为玉带河的水带，蜿蜒穿行于芦苇丛中，传说它是九寨沟女山神沃诺色嫫的腰带所化。

芦苇海内，芦苇密布，水鸟翱翔，清澈的溪流与周围绿意盎然的植被，共同绘就了一幅泽国仙境。在这片和谐的世界里，青翠的芦苇摇曳生姿，微风轻拂，绿浪翻滚，沙沙作响，宛如悠扬乐章，令人心胸豁然开朗。花开之际，更是别有一番风情，芦花轻柔如鹅绒，随风轻摆，掀起层层白色浪潮，吸引着群群鹭鸶与对对野鸭，为芦苇海增添了无限生机，触动着每个人的心弦。

（六）盆景滩

盆景滩，海拔 2190 米，长 218 米，宽 98 米，水深 0.8 米，是游客进入九寨沟后遇到的第一个滩流景观。以其平缓的钙化坡面和自然生长的植被，构成了一处处不加雕饰的自然盆景。杜鹃、杨柳、松树、柏树及高山柳等树木，与各种灌木丛在水中矗立，形成了千姿百态、和谐自然的景致，展现了优雅的自然美学。在这片金黄与银白相间的钙化滩流上，虽仅有一层薄水覆盖，却滋养了众多喜水植物。它们或婀娜多姿，或苍劲挺拔，每株植物下都伴有盆状的钙化沉积，加之滩中怪石点缀，使得这些树木如同精心布置的盆景般矗立于水中，令人赏心悦目。

盆景滩，宛如九寨沟中一段令人心旷神怡的轻音乐，潺潺的流水、声声的鸟鸣与多姿的盆景相映成趣，构成了一段兼具声色的立体影片。大作家魏巍曾以"自然的美，美的自然；人间天上，天上人间"简洁概括了九寨沟的美，盆景滩正是这种美最为直观生动的体现。前行至荷叶寨后，游客可以看到一片布满白杨、杜鹃、松柏与柳树的浅滩。水在林间流淌，树木风姿绰约，水色碧绿如翡翠，令整个浅滩宛如一座巨大的盆景，盆景滩因此得名。

盆景滩是九寨沟给予游客的第一份惊喜。滩中的仙枝玉叶，犹如上天精心打造的观赏品，只要进入九寨沟，便能一眼看到其灵动的身姿。它虽然只是九寨沟中的一个小小点缀，却如同春天里探出墙外的桃花，独自绽放，成为九寨沟的一道独特风景。

（七）卧龙海

卧龙海，海拔 2220 米，长约 253 米，宽 2255 米，水深 24 米。其以湖底乳黄色的钙化堤埂形似沉睡的巨龙而得名。关于这块造型独特的堤埂还有着一个美丽的传说。相传古时候，附近黑水河中的黑龙，每年都要求九寨百姓向他供奉九十九天方肯降水。白龙江的白龙同情百姓，欲给九寨送去白龙江水，却遭到黑龙阻挠，二龙争斗，白龙体力不支沉入湖中，万山之神赶来降伏了黑龙。然而白龙无力再回白龙江，天长日久，便化为长卧湖底的一条黄龙。人们为表怀念，就叫此海卧龙海。

卧龙海底这条乳黄色的碳酸钙沉淀物，从外形上看，就像是一条沉卧水中的巨龙，栩栩如生。湖面平静时，透过清澈的湖水，可以看到卧龙在水底沉睡；微风轻拂湖面，阵阵涟漪泛起，龙身仿佛在徐徐蠕动，风稍强时，湖面波浪起伏，卧龙就像突然惊醒，摇头摆尾；如果山风强劲，平静的湖面瞬间破碎，卧龙会霎时消失得无影无踪。小巧玲珑的卧龙海是蓝色湖泊典型的代表，以极浓重的蓝色醉人心田。无风时，湖面水波不兴，宁静祥和，正像一块光滑平整、晶莹剔透的蓝宝石。

（八）老虎海

老虎海，坐落于海拔 2298 米的高地，其长度为 310 米，宽度为 194 米，深度达 23 米。当深秋的脚步悄然而至，五彩斑斓的林木倒映在湖水之中，宛如老虎身上的斑纹，波光粼粼，美不胜收。关于它的命名，流传着三种说法：一是邻近的树正瀑布水声轰鸣，传至老虎海一带，仿佛虎啸山林；二是深秋时分，山林缤纷的色彩倒映在湖中，就像老虎身上的道道斑纹；三是相传山中老虎常来此饮水。

（九）犀牛海

犀牛海，海拔 2301 米，其长度为 2000 米，宽度为 225 米，深度为 17 米，是九寨沟中第二大的湖泊。据传，一位病重的得道高僧曾骑犀牛至此，饮用了湖边的神泉后，奇迹般地康复，于是将犀牛留在了此地，犀牛海因此得名。春夏之交，湖水碧绿如翡翠；秋风送爽，满山秋色倒映湖中，美不胜收。犀牛海是九寨沟中海子景色变化最为丰富的湖泊之一，其倒影之美，堪称众海之首。清晨时分，云雾缭绕，湖面倒影如梦如幻，让人难辨天与海的界限。湖畔四周，彩叶绚烂，芦苇丛生，南岸既有树林又有瀑布，中间湖面蓝得醉人，令人流连忘返。

（十）双龙海

双龙海，海拔 2200 米，长 290 米，宽 247 米，水深 9 米。透过清澈见底的湖水，可以隐约看见湖底隐藏着的两条带状的生物钙化堤埂，堤埂上部为钙化物质，下部则为冰碛物。它们宛如两条静卧水底的蛟龙，时动时静，神秘莫测。

二、则查洼沟

（一）季节海

九寨沟内藏有一处别具一格的海子——季节海，其海拔 2910 米，是一个长 680 米、宽 200 米、深仅 3 米的冰川堰塞湖。此湖之水量随四季更迭而盈亏，因此得名季节海。多数时间，它呈现干涸之态，仅在雨季时，湖水充盈，形成湖泊；而其余季节，湖面则覆盖着茂盛的青草，一片绿意盎然。季节海分为上下两片湖域,上季节海毗邻五彩池,下季节海则巧妙地镶嵌在海拔 2627 米的山谷之中,每到秋季 10 月,雨水丰沛,下季节海湖水充盈且色泽湛蓝;而到了初夏,水位缓缓下降,湖水颜色也随之转变为鲜嫩的翠绿。

(二)五彩池

五彩池坐落于海拔 3010 米的高地之上,其长度约为 100 米,宽度 60 米,深度达到 6.6 米。作为九寨沟中面积最小却色彩最为绚丽的海子,五彩池被誉为"九寨的璀璨明珠"。它的水源主要来自地下水,因此即使在寒冷的冬季,湖面也依然保持着清澈不结冰的状态。得益于阳光照射、藻类生长以及湖水钙化等多重自然因素的共同作用,五彩池的湖水展现出了五彩斑斓、绚丽夺目的景象。

(三)长海

长海(见图 5-3),海拔 3101 米,全长约 4350 米,宽度为 300 米,其深度达到了 90 米,总蓄水量高达 4500 万立方米。其湖面形状宛如一条蜿蜒的"S"形曲线,是由冰川作用形成的堰塞湖,也是一处水质清澈的淡水湖泊。在九寨沟的众多海子中,长海不仅海拔最高、湖水最深,而且面积最广、蓄水量最大。它并无直接的出水口,湖水除了自然蒸发,还会经由地下裂隙渗透到五彩池、五花海等下游的风景名胜,起到了为整个核心景区调节水量的作用。在夏秋两季的雨季里,长海的水位不会溢出堤岸,而在冬春季节的旱期,湖水也不会完全干涸。因此,当地人亲切地称它为"宝葫芦"——一个既装不满也漏不干的神奇湖泊。

图 5-3 长海

三、日则沟

(一) 珍珠滩

海拔 2450 米的珍珠滩，滩面开阔，宽达 112.3 米，纵长 189 米，平均坡度约为 20 度，相对高度差为 15 米。它是九寨沟中最为宽阔的滩面，是由碳酸钙沉积形成的一处巨型钙化堆积台地。当阳光洒落，湍急的水流沿着滩面的凹凸不平之处奔腾而下，溅起无数晶莹剔透的水珠，犹如点点洁白的珍珠般闪耀夺目，因此得名珍珠滩。

1. 主要特色

阳光下，一股清澈的激流沿着倾斜且凹凸不平的乳黄色钙化滩面奔腾而下，激起无数细小的水珠，它们在阳光的映照下熠熠生辉，宛如巨型贝壳中散落的一颗颗璀璨珍珠。这一景观之所以呈现出如此奇景，是因为此处恰好位于坡度约为 20 度的钙华地带，加之其独特的多孔"生物喀斯特"地貌，使得水流在流经时得以漫滩铺开，被河床上的微小孔隙所阻滞，进而形成成千上万的水珠团簇。

引人注目的是，珍珠滩上广泛覆盖着浅黄色的苔藓，这些苔藓非但不滑，反而给人一种如同踩在柔软海绵上的奇妙感觉。过去，游客尚可踏入滩中嬉戏玩水，亲身感受珍珠滩的非凡魅力；然而如今，出于对滩面的保护，游客只能站在岸边远眺，无法再踏入水中。不过，管理人员修建了一座横跨在珍珠滩之上的栈桥，水流悠然从桥下流淌而过，为游客提供了一次独特的游览体验，使他们能够沿着栈桥漫步，近距离观赏这片海滩的美景。

2. 凄美传说

关于珍珠滩的由来，还流传着一个凄美的传说。相传很久以前，一位路过的女神对一位藏族青年一见钟情，青年赠予她一串珍珠项链作为定情信物，而女神则回馈了一把开山斧。青年利用这把开山斧开辟水渠引水灌溉家乡，然而这一行为触怒了天神，他派遣天兵天将来捉拿女神。在激烈的对抗中，天神一把扯断了女神脖子上的珍珠项链，珍珠纷纷洒落，最终化作了这片美丽的珍珠滩。

(二) 珍珠滩瀑布

珍珠滩瀑布 (见图 5-4)，海拔 2433 米，平均高度 21 米，宽度 270 米。

瀑布为第四纪冰川的冰碛台地，经钙化作用侵蚀而成，日积月累的钙化使得瀑布的坡坎愈发高耸而坚固，瀑面则巧妙地后凹成新月形。当瀑布轰鸣着跌入谷底，其声势之大，震撼人心。这里，空气中负氧离子含量极高，因而被誉为"天然氧吧"。

图 5-4　珍珠滩瀑布

从诺日朗瀑布出发，穿越静湖，再前行一段路程，就可以来到珍珠滩瀑布。在某种程度上，它与黄果树瀑布群中的螺蛳滩瀑布有异曲同工之妙。

瀑布上端，水流自台面轻盈跃下，注入下方的丹祖沟，形成了一幅壮观的飞瀑画卷。瀑布被新月形的岩体巧妙分割，化作数股水流，有的如银帘轻拂，有的似白浪滔天，还有的则像明珠连串，狂奔急泻，最终汇入涧底，喧嚣着向前奔腾。珍珠滩瀑布的实际宽度约为 200 米，最大落差可达 40 米，其气势恢宏，蔚为壮观。当瀑布猛烈下坠，冲击谷底时，其吼声如雷，激起层层浪花。这段激流的水色碧绿中泛着白色，是九寨沟所有激流中最为美丽、猛烈且声音最大的一段。位于激流左侧的栈道，是观赏该瀑布的绝佳位置。

（三）诺日朗瀑布

诺日朗瀑布海拔 2343 米，高 24.5 米，宽 320 米，是中国最宽的高山钙化瀑布。滔滔流水自诺日朗群海奔涌而来，从瀑顶树丛中倾泻而下，像数条洁白的哈达，水势浩大，声震山谷。寒冬时节，瀑布则成了一幅巨大的冰幔，无数的冰柱悬挂在陡崖之上，构成了罕见的冰晶世界，造型各异的冰雕迎光透着幽幽的蓝色，这便是九寨沟六绝之一"蓝冰"。

"诺日朗"一词源自藏语，意为男神，象征着伟岸与崇高，因此诺日朗瀑布之名，寓意着这是一处壮观非凡的瀑布。水流自群海潺潺而来，穿越瀑布之巅，犹如银河倒挂，轰鸣之声震撼山谷。瀑布南端，水势尤为汹涌，寒气凛洌，水雾缭绕，为这片壮丽景象增添了几分神秘与朦胧色彩。晨曦初照，常可见彩虹横跨山谷，绚丽动人。

瀑布对面，一座观景台巍然矗立，站在台上，瀑布的全貌尽收眼底。

春日里，它如一个初醒的孩童，在苍翠的山谷崖壁上欢快地流淌，给人以空灵翠绿、生机勃勃之感。

夏日，水量充沛，声势浩大，水流跌落在岩石上，激起万千水花，如银珠四溅，洒满四周。细致观察，可见水流如帘幕般垂落，又似断断续续的珠子滴入潭中，韵味悠长。

秋季，瀑布的三百米飞流在绚烂秋色与云雾的映衬下，化作了一幅波澜壮阔的画卷，山谷坡地五彩斑斓，诺日朗瀑布在一片红叶、黄叶之中，分化为无数细流，悠然飘下，这种迷人的景致吸引了众多影视剧组前来取景。

而到了寒冬，瀑布则凝固成一幅千姿百态的冰瀑画卷。在白天的阳光下，诺日朗瀑布多姿多彩，引人入胜。夜幕降临，皓月当空，清辉洒落，瀑布更添一番诗情画意，令人沉醉。

1. 相关传说

相传，瀑布顶部曾是一片平整的平台，名为"纺织台"。古时，扎尔穆德和尚远游归来，带来了贝叶经、铁犁铧和手摇纺车。美丽的藏族姑娘若依果迅速掌握了纺车的使用方法，并将纺车架在了这片平台上，供过往的姐妹们学习。然而，凶残的头人罗扎却认为她在搞歪门邪道，一脚将她与纺车踢下山崖。山神得知后，十分震怒，决定惩罚罗扎，于是瞬间山洪暴发，将罗扎及其帮凶冲下悬崖，纺织台也随之变成了今日的瀑布。

2. 地震垮塌

自然之美亦有其脆弱的一面。2017年8月8日，九寨沟遭遇了7.0级地震，诺日朗瀑布在此次地震中不幸发生垮塌，这一自然奇观也因此遭受了重创。

（四）诺日朗群海

诺日朗群海，由20个大小不一的钙化湖泊紧密排列而成，展现出独特的钙化溶蚀景观。诺日朗群海的海拔在2353～2365米之间，总面积大约为0.03628平方千米。这些湖泊的成因与边石坝和彩池相似，它们在400余米的范围内连绵分布，各自的大小、形态及深度均有所不同。其中，最大的湖泊长达185米，宽45米；而最小的湖泊则仅有20米长，15米宽。湖泊的水深大多介于7～20米之间，最深的湖泊甚至达到了23米。

(五）熊猫海瀑布

熊猫海瀑布（见图5-5），位于海拔2574米的高地，其高度为65米，宽度达到75米，又被称为高瀑布。瀑布以三级跌水的形式展现，是九寨沟中落差最大的瀑布。在丰水期，当上游来水超过渗漏量时，湖泊水量充沛，湖水会翻越堤岸，形成壮观的瀑布；而在冬季枯水季节，瀑布断流，瀑布下方则会形成天然的冰雕奇观。

图5-5　熊猫海瀑布

（六）熊猫海

熊猫海，海拔2574米，其总长达到670米，宽度在109~237米之间，平均深度为15.6米，总面积为10.8万平方米，拥有180万立方米的水容积。这是一个由冰川作用形成的堰塞湖，因常有熊猫在此活动而得名。熊猫海的水位会随着季节的变化而波动，变幅在5~7米之间。在丰水期，湖水满溢而出，在下游形成高瀑布；而在枯水期，湖岸则会露出大片金黄色的钙化沙滩。此外，湖水中生活着大量的嘉陵裸裂尻鱼，更是令人叹为观止。

（七）五花海

五花海（见图5-6），海拔2462米，其长度为450米，宽度达到313米，深度则为9米。这片湖泊是由滑坡与泥石流阻塞了原本的冰川沟谷而形成的堰塞湖。在九寨沟的众多海子中，五花海以其丰富多变的色彩而独树一帜。湖底的钙化沉积、藻类、水草以及枯树，在光线的不同反射与折射作用下，与蓝天、白云、绿草、翠林在湖面的倒影相互交织，共同绘制出一幅幅鹅黄、翠绿、墨绿、天蓝、深蓝、藏青等色调混染的绚丽画卷，仿佛无数颗璀璨的宝石镶嵌而成的巨型佩饰，从高空俯瞰，五花三海犹如孔雀开屏般壮观。

图5-6 五花海

　　五花海无疑是九寨沟诸多景点中的一颗璀璨明珠。其周围的山坡会在秋季时分，被一片绚烂的秋色笼罩，色彩斑斓，形态万千，令五花海独领风骚。尤其是出水口附近的湖畔，彩叶如锦，交织成一片火焰般的金色海洋。含有碳酸钙质的池水，与含有不同叶绿素的水生生物群落，在阳光的照耀下，幻化出缤纷多彩的景象，既有湛蓝的深邃，又有墨绿的沉稳，还有翠黄的明媚。岸边的林木，赤橙黄绿，倒映在湖中，与水下沉木、植物相互映衬，构成了一幅色彩斑斓的绝美画面，美得令人心醉，因此得名五花海。九寨的当地人中流传着一种说法：五花海是神池，它的水洒向哪里，哪里就会花繁林茂，美丽富饶。

　　五花海的湖底景观更是令人叹为观止。湖水的一侧呈现出翠绿色，而另一侧则是湖绿色，湖底的枯树经过钙化作用，变成了一丛丛宛如珊瑚般的璀璨景观，在阳光的照耀下，五光十色，璀璨夺目，美得令人窒息。

1. 成因

　　五花海之美，源自其海底丰富的钙华沉积、绚烂的藻类以及沉水植物分布的多样性，这些自然元素共同编织出一幅幅色彩斑斓的画面，宛如无数宝石镶嵌而成的巨型佩饰，闪烁着珠光宝气，尽显雍容华贵之态。

2. 观赏线路

　　穿越幽静的林间小道，右转沿栈道前行，顺着五花海北侧湖岸向东漫步，穿越一片开阔平缓的山坡，不久便会抵达栈道的终点。此处正是五花海出水口与孔雀河道的交汇之地，一座栈桥横跨其上。栈桥南侧，湖面波光粼粼，宛如孔雀展开的彩翅；北侧，河湾蜿蜒曲折，形似孔雀的头颈；三株古树矗立其间，犹如顶戴花翎，因而得名孔雀河道。继续沿孔雀河道左岸北行约百米，越过河道，便踏上环山公路。从公路之上俯瞰五花海，其美景更是令人叹为观止。沿环山公路向东南方向前行，便可抵达五花海东南侧的最高点。此处矗立着一块巨石，名为老虎石。立于老虎石之上，即可将五花海的全貌尽收眼底。

（八）孔雀河道

孔雀河道（见图5-7）的起点位于五花海出水口处的深邃峡谷，沿着河道向前漫步，它仿佛引领人进入了一幅由最浓烈色彩精心绘制的油画世界，其蓝绿交织的色彩又恰似孔雀之羽，向游客展现出一幅无与伦比的自然美景画卷。

图5-7 孔雀河道

（九）箭竹海

箭竹海，坐落于海拔2629米的高地，其长度达到1184米，宽度在144~268米之间，深度则在5~10米之间。这片湖泊的面积为15.1万平方米，拥有93万立方米的水容积。得益于地下水稳定的水源补给，箭竹海的水位年变化幅度较小，即使在寒冷的冬季也能保持不结冰的状态。湖畔四周，箭竹葱郁翠绿，当湖面风平浪静之时，湖水中的倒影更是迷人至极。

（十）天鹅海

天鹅海（见图5-8）海拔2905米，是一处沼泽化湖泊，其长度为720米，宽度在50~100米之间，深度则在2~6米之间。这片湖泊的占地面积达到了

4.3万平方米，拥有20万立方米的水容积。这里常常成为天鹅短暂栖息的乐园，因而得名天鹅海。天鹅海与下游的芳草海相连，浅滩之上，绿草如茵，一条清澈的溪流在绿茵间蜿蜒流淌，滋养着这片土地。

图5-8　天鹅海

（十一）芳草海

芳草海（见图5-9），海拔为2910米，同样是一处沼泽化湖泊。它的长度为540米，宽度在4~20米之间，深度在2~4米之间。这片湖泊的面积更为广阔，达到了5万平方米，但水容积相对较小，仅有1万立方米。芳草海主要依靠上游的溪水和降水进行补给，湖底还分布着钙化漏斗。随着四季更迭，芳草海会展现出不同的风情：春日绿草如茵，夏日繁花似锦，秋日一片金黄，冬日则洁白如玉。

图5-9　芳草海

(十二)原始森林

原始森林,海拔2930米,这里的植被以冷杉和云杉为主,树龄长达几百甚至上千年。林下灌木丛生,有忍冬、杜鹃、箭竹、花楸等,苔藓的覆盖深度更是达到了数十厘米。这里的空气质量极佳,每平方厘米空气的负氧离子含量高达3000个。在森林的蓬松绿地上,长满了地衣,这些地衣是天然的环境监测者,对空气质量要求极高。它们的存在,证明了九寨沟的空气之纯净、无污染。

(十三)镜海

镜海(见图5-10),海拔2367米,其长度延伸达1155米,宽度则为241米,平均水深11米,最深处有31米,是九寨沟中规模第三大的湖泊。它静静地躺在空谷的下游,四周被葱郁的林木紧紧环抱,仿佛是大自然精心布置的绿色屏障。对岸,巍峨的山壁傲然耸立,宛如一座气势磅礴的石屏风,为镜海增添了几分神秘与庄严。

镜海以水面平静无波、宛如明镜而得名,其能够毫不失真地倒映出周围的景致,这份倒影之美,在九寨沟中独树一帜。每一位来到九寨沟的游客,当他们驻足于镜海之畔,都无不为其倒影的传神与美丽震撼。镜海,用它那如镜般平静的水面,向世人展示着大自然的鬼斧神工,也让每一颗心灵都在这片宁静与美好中找到了归宿。当代诗人、作家陈之光曾饱含深情地感叹:"我影投镜海,镜海留我心。白首不相忘,悠悠九寨情。"

图5-10 镜海

镜海的水面十分平静,仿佛大自然的一面镜子,将天地间的万物都完美地复制到了水下世界。无论是晨曦初照，还是朝霞满天，蓝天、白云、远山、近树，都被镜海一一纳入怀中，形成了一幅幅线条清晰、色泽艳丽的海底画卷。

镜海右侧，流水潺潺，其与诺日朗群海相邻，共同谱写着九寨沟的水之乐章；作为上游的左侧，与幽深的山谷相接，其浑然天成的形态仿佛自然之手轻轻抚过，令人感叹大自然的鬼斧神工。

1. 人文传说

女山神沃诺色嫫不慎遗失了男山神达戈赠予的定情信物后，每日必至镜海之畔，以此清澈水面为镜，梳妆打扮，寄托对爱人的思念。在这片镜海旁，还有一根碗口粗细的长藤，紧紧缠绕着一株参天大树，与树同高，直指云霄。这株藤与树的缠绵相依，让人不禁联想到爱情的美好与坚贞，因此，镜海又被赋予了"爱情公园"的美誉。许多远道而来的有情人都会在此留下合影，以表达对爱情的忠贞不渝。

2. 自然奇观

镜海的第一大奇观，便是其倒影之美超越实景。在风和日丽、晴空万里的日子，镜海的水面平静得如同一面精心打磨的银镜。雪峰皑皑、林岚苍翠，它们的倒影在水中清晰可见，细细观赏之下，会发现这些倒影竟比实景更加柔美多姿，仿佛是大自然在镜中精心绘制的印象派画卷。这一绝景，被誉为九寨沟的瑰宝之一。每天晨光初露的上午九点前，或是夕阳西下的傍晚五点左右，是观赏这一奇景的最佳时机。有人曾以"湖中工笔描树木，难辨难解虚与实"来赞叹镜海之美，表达出对这一景致百凡魅力的颂赞。

镜海的第二大奇观，便是夏日里细雨轻拂时湖面呈现的水带波光。当绵绵细雨温柔地洒落在镜海上，湖面会奇迹般地显现出一条蜿蜒曲折的水带，它悠然地延伸至对面的湖岸。这条水带宽度约有 10 余米，神奇的是，当雨点落至水带上时，却仿佛失去了痕迹，水带表面如同一块未被污染的冰面，光滑而明亮。水带之外，湖面波光粼粼，闪烁着与众不同的光芒。而这条水带的倒影，又显得那么虚幻缥缈，时而清晰可见，时而隐没于波光之中，让人不禁怀疑这是否是海市蜃楼般的幻境。

镜海的第三大奇观，是那"镜海瘦月"的绝美景象。每当夜幕降临，皓月当空，不论月亮是圆满还是亏缺，镜海总能呈现出一片风平浪静的宁静之美。皎洁的明月仿佛轻轻沉入湖中，让人难以分辨它究竟是悬挂于天际，还是静静躺在水波之下。凝视着湖中的明月，它似乎近在咫尺，触手可及，令人不禁联想到诗仙李白在长江采石矶边试图水中捉月的逸事，那份对美好事物的向往与追求，穿越古今，让人心生共鸣。

四、扎如沟

（一）扎依扎嘎神山

扎依扎嘎神山（见图5-11），海拔高达4528米，巍峨地矗立于扎如马道的终端，是当地民众心中无可替代的圣地。据传，此山乃万山之巅，拥有至高无上的神圣地位。农历每月的十五日的转山朝拜仪式，以及三月十五日的麻芝节，都会在这里举行。他们或骑马，或徒步，沿着逆时针的方向环绕神山行进，虔诚地祈求神佛的庇佑与恩赐，愿福气与祥瑞降临人间。

图5-11 扎依扎嘎神山

（二）黑海

黑海，亦称黑湖，在藏族语中名为措拉，其占地面积约为3333.33平方米，水深达8米，是一个颇为深邃且典型的冰斗湖。据史料记载，过去，当地藏族居民在遭遇干旱之时，会前往此湖祈求降雨。湖面上常年笼罩着一层低云，若是在其下方大声呼喊，上方的云朵似乎就会响应呼唤，洒下雨滴，这为黑海增添了几分神秘色彩。夏日里，黑湖周边是一片郁郁葱葱的草场，绿意盎然；而到了冬季，白雪就覆盖，又展现出另一番银装素裹的绝美风光。

（三）宝镜岩

宝镜岩的形成，源自地壳表层差异运动及地震引发的滑坡作用，岩体发生断裂并抬升，从而形成了足足 500 米的高差。其岩面宽广且平滑，宛如一面巨大的镜子，能够映射出丰富多样的人物与自然景象，故而得名"宝镜岩"。

（四）扎如寺

扎如寺（见图 5-12），海拔 2026 米，在藏语中被尊称为"然悟贡巴"。始建于明朝末年，历经两次翻修与重建，是九寨沟风景区内独一无二的宗教寺庙，同时也是苯教信徒心中的圣地。寺庙被苍翠的山峦环抱，正面朝向庄严的宝镜岩，其金顶红檐在阳光下熠熠生辉，五色经幡在微风中轻轻飘扬，传递着信徒们的虔诚祈愿，并营造出一种浓郁的苯教文化氛围。每年，扎如寺都会举办 4 次盛大的宗教活动，其中最为隆重的当数农历四月十五日举行的"嘛智节"，众多信徒与游客都被吸引前来共襄盛举。

图 5-12 扎如寺

任务三　九寨沟景点导游词示例

一、部分景点导游词示例

（一）诺日朗瀑布（所选主题：人与自然和谐共生理念）

各位游客，大家好！

欢迎你们来到被誉为"人间仙境"的九寨沟！九寨沟坐落于四川省阿坝藏

族羌族自治州九寨沟县的怀抱中，位于岷山南麓，是嘉陵江源头的一条支沟。这里不仅是自然风光的瑰宝，更是中华民族多元文化和谐共生的生动体现，展现了人与自然和谐相处的理念。

九寨沟以其绝妙的水景闻名遐迩，泉流、瀑布、河流与滩涂将108个碧蓝的湖泊巧妙串联，营造出"水在树间流，树在水中长"的绝美画卷，故有"黄山归来不看岳，九寨归来不看水"的美誉。九寨沟凭借翠海、叠瀑、彩林、雪峰、藏情和蓝冰这"六绝"，享誉全球，被誉为"童话世界"。关于九寨沟的起源，流传着一个动人的故事：相传古时候，英俊的男神达戈将变幻的风云凝聚成一面宝镜，赠予心爱的女神沃洛色嫫。不幸的是，这面宝镜被恶魔夺走，女神也为恶魔所劫，慌乱中，不慎将宝镜打碎，碎片散落山间，化作无数晶莹剔透的湖泊，也就是今天九寨沟的108个海子。这一传说不仅展现了人与自然的神秘联系，也象征着中华民族在面对困难时坚韧不拔、勇于创造的精神风貌。

此刻，展现在大家眼前的，便是九寨沟最为壮观雄浑的诺日朗瀑布。朋友们是否觉得此景似曾相识？没错！这里正是《西游记》中唐僧师徒四人牵着白龙马穿越的那道瀑布。诺日朗在藏语中意为男神，亦寓意伟岸高大，因此诺日朗瀑布象征着雄伟壮观的景象。大家请看，滔滔水流如同银河倾泻，声震山谷，气势磅礴。瀑布南端水量充沛，腾起层层水雾，寒气袭人。诺日朗瀑布虽落差不大，仅20余米，但其瀑面宽广，达290多米，展现出与九寨沟其他瀑布不同的豁达与宽广。诺日朗瀑布，不仅是大自然鬼斧神工的杰作，更是中华民族坚韧不拔、勇往直前精神的象征。

九寨沟的自然风光与人文景观交相辉映，不仅让我们领略到大自然的神奇魅力，更让我们深刻体会到人与自然和谐相处的理念。我们应积极践行绿色发展理念，共同守护这片美丽的家园。现在，请随我一起走近瀑布，尽情享受水滴飞溅带来的畅快与惬意吧！同时，也让我们在旅途中，不断汲取中华民族的坚韧精神，为实现中华民族伟大复兴的中国梦贡献自己的力量！

（二）孔雀河道（所选主题：摄影艺术与自然美学的碰撞）

各位游客，大家好！

今天，由我陪同各位一起走进"水的天堂、光的世界"——九寨沟。

九寨，这个名字背后，是世代藏族村寨与自然和谐共生的故事；而沟，则指的是那三条宛如"Y"字形般镶嵌在重峦叠嶂间的秘境——树正沟、则查洼沟和日则沟。在这片神奇的土地上，108个高山湖泊如同遗落的珍珠，串联起泉水、滩流与瀑布，它们不仅将雪山、森林与藏情巧妙融合于静态的翠海与动态的飞瀑之间，更绘制出一幅幅自然天成的艺术画卷，让人仿佛置身于诗与画的完美交融中。因此，"九寨沟"这三个字，早已超越了地理名词的范畴，成了绝美风景的代名词，其更是摄影艺术与自然美学碰撞的火花之源。

现在，让我们通过摄影师的镜头聚焦于九寨风光中的"六绝"之一——翠海。提到"海"，人们或许立刻会联想到浩瀚的太平洋、大西洋，但九寨沟的"海"比二者却别有一番特殊的风味。亿万年前，这里曾是海洋的领地，随着地壳运动和气候变化，大海逐渐消失，形成了高原台地。九寨沟的藏民，对这片曾经的海洋充满了无尽的留恋与向往，于是，他们将那些与海洋相关的水域，无论大小，都亲切地称为"海子"，寓意着大海之子。九寨沟的每一个海子，既是地球科学的奇迹，更是一场永不落幕的光影艺术展，等待着每一位摄影师用镜头书写属于自己的视觉诗篇。

那么，为何这些海子的水会呈现出如此迷人的翠绿色呢？这得益于九寨沟独特的喀斯特地貌。这里的岩层富含钙质，历经冰川的剥蚀与时间的雕琢，形成了今天我们所见的岩溶奇观。以孔雀海为例，其海盆由高钙质的钙化物构成，掺杂着丰富的有机物质与金属离子；水体的含钙量高且水质硬，赋予了它透明清澈的特质；而阳光的反射与折射，光谱的长短交错，加之盆底多样的造型，使得每一缕光线在水中都能演绎出不同的光影故事，从而形成了九寨沟108个色彩各异的翠海。

九个村寨的藏民，出于对这片山水的无限热爱，赋予了这些海子以人和神的灵魂，编织出一个个动人的传说。它们被视为九寨沟女山神沃洛色嫫的梳妆镜，是英雄男山神达戈历经千辛万苦从天神处取得的宝物，因不慎碎落于此，这才化作了108片璀璨的翠海。这些传说，不仅是对九寨沟地貌历经风霜变迁的生动描绘，更是人与自然和谐共生的美好见证。

孔雀河道的美，不仅仅在于它那如孔雀羽毛般斑斓陆离的色彩，更在于它与周围环境的和谐共生。在这里，水与石、光与影、动与静交织在一起，形成了一幅幅动人心魄的画面。而摄影师镜头下的孔雀河道，既有细腻入微的局部特写，又有气势磅礴的全景展现，每一幅作品都充满了对自然之美的敬畏与赞美。

（三）树正漠瀑布（所选主题：对祖国大好河山的热爱之情）

各位游客，此刻呈现在我们眼前的，正是九寨沟标志性景观之一的树正瀑布（见图5—13）。请闭上眼睛，仔细聆听，那浪涛翻滚的隆隆水声，是否如同千军万马在擂鼓摇旗，轰鸣如雷？这不仅是自然的交响乐章，更是对我们伟大祖国大好河山的深情赞歌。

图5-13 树正瀑布

树正瀑布，因毗邻树正藏寨而得名，它是九寨沟内首个瀑布群，虽位列四大瀑布之末，但其气势之磅礴，足以让初访九寨沟的游客震撼不已。40余个海子如珍珠般串联，绵延7千米，形成层层叠叠的台阶状瀑布。每一层海子都无私地奉献出自己的水源，化作瀑布，汇入下一层海子的怀抱。瀑布的落差，小则1~2米，大则可达30米。

瀑布上游的湖水漫流浅滩，被树丛温柔地分割成无数股细流，最终汇聚于山崖之巅，喷涌而出，形成一道凌空而下的水帘。水柱与下方的环形梯状钙化岩相遇，瞬间迸发出四溢的水雾，如同一幅神采飘逸、气度雍容的画卷。跌落后的水流汇成一股汹涌的激流，跳跃着，奔腾着，向下游疾驰而去。

瀑布之下，树正群海宛如一颗颗璀璨的明珠，海子与海子之间，钙化堤埂上树木丛生，根须随水漂动，展现了"水在林中行，树在水中长"的奇妙景观。群海由二三十个大小不等的海子梯田状排列组成，落差高达百米，平均每个堤岸高差3~4米，叠瀑景观美不胜收。柏、松、杉等树木环绕四周，湖水翻堤而过，穿流树丛，形成一道道银色的浪花。

大家顺着我手指的方向望去，可以看到，群海之中，有一道栈桥横跨溪流，直通密林深处，经幡随风飘扬，沙沙作响。桥头木屋内，水磨房的木轮在流水的驱动下不停转动，水力传递至经房，牵动转经柱日夜旋转。这"流水不息，转经不止"的现象，正是当地藏民对佛祖虔诚信仰的生动体现，也是人与自然和谐共生的美好见证。

树正沟仿佛一个色彩斑斓的童话世界。这里的每一处景色都如同精心雕琢的艺术品，让人不禁为大自然的鬼斧神工而赞叹。在这片美丽的土地上，我们更应感受到的是对祖国大好河山的热爱与敬仰，要意识到保护这份美丽的重要性。只有珍惜和爱护自然环境，才能让我们的后代也能享受到这份大自然的馈赠。

（四）镜海（所选主题：人与自然和谐共生理念的倡导）

各位游客，你们好！

此刻，呈现在我们眼前的这片宁静而深邃的水域，便是被誉为"静海"的绝美海子，它还有一个更为贴切的名字——"镜海"（见图5-14）。其海面宛如一面明镜，将地上与空中的景物准确无误地复制到水面上，仿佛是大自然最精湛的画师在此挥毫泼墨，因此得名镜海。

图5-14 镜海

镜海三面青山环绕，树木葱茏，为这片水域增添了几分神秘与浪漫。每当寂静无风之时，湖面水平如镜，水中的倒影层层叠叠，仿佛将天地融为一体，让人分不清哪里是天，哪里是水。特别是当秋色浓烈时，那艳丽的色调更是让人沉醉不已，许多诗人、画家都曾为之倾倒，著名作家陈之光先生更是发出"我影投镜海，镜海留我心"的感慨。

镜海有三奇。

一奇便是刚才提到的"倒影胜实景"。在无风的晴朗天气里，镜海的水面光亮如镜，将雪峰倒映得栩栩如生，细观水中的倒影，竟然比实景还要婀娜多姿，因而被誉为九寨沟的绝景之一。晴天的上午9点前和下午5点是观赏这一奇景的最佳时间。

二奇是水带波光。夏天，当霏霏细雨轻洒，湖面上便会出现一条宽约10余米的水带，水带蜿蜒而上，一直延伸到对面湖岸。恍惚中，我们会感到水带上仿佛没有细雨珠落下，其恰似一面镜子，光亮平滑；而带外则波光粼粼，姿态迥异，水带之影时隐时现，似有似无，宛如海市蜃楼一般，让人叹为观止。

三奇是镜海瘦月。每当月明之夜，不论月亮是圆是缺，只要风平浪静，明月便会落入湖中。一时间，令人分不清天上挂的究竟是真月还是水中生的月影，凝望湖水，明月似乎唾手可得。此时，你是否能体会到李白在长江采石矶畔水中捉月的心情呢？

让我们继续前行，去探索更多像镜海这样的水之秘境，去感受大自然的神奇与美丽。同时，也请大家时刻坚守人与自然和谐共生的信念，用实际行动去保护我们的家园，让这份美好永远延续下去。因为只有这样，我们才能真正实现与大自然的和谐共生，共同创造一个更加美好的未来。

（五）长海（所选主题：民族文化的传承与弘扬）

各位游客，离开五彩池，翻越翠绿的山坳，我们来到了长海，这片不仅风景如画，更承载着丰富民族文化的神秘水域。长海，海拔3103米，宽逾600米，长达7.5千米，最深处达103米，是九寨沟海拔最高、湖面最宽、湖水最深的海子。

这位远古冰川的宠儿，因冰碛的阻塞而诞生，宛如一位少女，静静地躺在群山之间。其水源来自南边冰川雪峰上的积雪，地表无出水口，排水主要依靠蒸发和地下渗透。令人称奇的是，长海的水量始终保持稳定，四季如春，水不漫堤，也不干涸，因此被藏民赞誉为"装不满、漏不干的宝葫芦"。

站在长海边，我们不仅能欣赏到大自然的壮丽与神奇，更能深刻感受到人与自然的和谐共生，以及民族文化在这片土地上的深厚积淀。长海之名，寓意其悠长深远，仿佛一条巨龙蜿蜒在山谷之间，令人无法窥见其尽头。湖面波光粼粼，冷峻深邃，又如一面神秘的镜子，映照出大自然的壮丽与文化的厚重。

站在岸边，我们可以尽情欣赏长海的景色。这个九寨沟里最大的湖泊，被两岸郁郁葱葱的高山所环绕，湖水深不可测，野生珍禽悠游其上，令人身心如洗，一片空明。对岸的蓝天白云下，是皑皑的山峰、冰川和"U"字形谷等典型的冰川景观，其与湖水、林木、鸟雀一起，构成了一幅宏大壮美的画卷。长海不仅展现了自然的壮美，更蕴含了底蕴丰富的人文之美，每一处风景都仿佛在诉说着民族文化的传奇故事。

到了冬天,长海更成了一个银色的童话世界。湖面结冰,冰层厚达 70 厘米,载重汽车都可在其上行驶。游人可在此尽情溜冰、跑马,感受冰雪世界的无穷魅力。

诗中提及的"古松"便是我们眼前的这棵老人柏,它不仅是九寨沟的象征之一,更承载着一段悲伤而动人的传说。这棵古老的柏树见证了藏族人民勇敢无畏、守护家园的精神,是传承与弘扬民族文化的重要载体。相传,很久以前,九寨沟被一个恶魔统治,百姓生活困苦。后来,勇敢的猎人扎依扎嘎独自与恶魔搏斗,最终赶跑了恶魔,但自己也失去了左手臂。为防止恶魔卷土重来,他日夜站在长海边,守卫着美丽和平的九寨沟。这棵巨大的老柏树正是藏族猎人扎依扎嘎的化身。

如今,我们站在这里,既感受着长海的神秘与壮美,更深刻体会到了传承与弘扬民族文化的重要性。九寨沟的每一处风景,都蕴含着丰富的文化内涵和民族精神。让我们珍惜这份宝贵的财富,将这份美丽与神奇,永远定格在我们的心中。

(六) 五花海(所选主题:人与自然和谐共生理念的倡导)

各位游客,欢迎大家来到这片人间仙境——九寨沟。此刻,展现在我们眼前的,便是被誉为"九寨沟一绝"的五花海,一个集自然美景与生态智慧于一体的奇迹之地。五花海位于九寨沟的中心地带,日则沟孔雀河的上游,海拔 2472 米,深度 5 米,面积 9 万平方米,是九寨沟众多景观中最为璀璨的一颗明珠。

五花海就像是大自然最得意的调色盘,它将湛蓝、墨绿、翠黄等色彩巧妙融合,构成了一幅幅令人叹为观止的自然美景。这种美景并非偶然,而是海底钙华沉积、艳丽藻类以及沉水植物分布差异共同作用的结果。这些自然元素在阳光的作用下,幻化出缤纷色彩,使得五花海成了一个充满生命活力的彩色世界。在老虎嘴俯瞰五花海,你会发现它宛如一只羽毛丰满的开屏孔雀,在阳光下更显得迷离恍惚、绚丽多姿。山风徐来,各种色彩相互渗透、镶嵌、错杂、浸染,使得这片水域充满了生命的气息与活力,这也正是五花海得名的由来。

每当秋风拂过,五花海两岸的五角枫、黄栌等树木如同被点燃的火焰,将这片水域映衬得更加绚丽多彩。彩叶与湖水交相辉映,不仅展现了自然界的生生不息与和谐共生,更体现了大自然与人类文明之间的紧密联系与相互依存。

沿着幽林栈道一路前行,我们不仅可以欣赏到五花海的美丽景色,更可以深刻体会到人与自然和谐共生的深刻内涵。五花海以其丰富的泉水、恒定的水温以及独特的生态环境，向我们展示了自然界的智慧与力量。让我们在欣赏美景的同时，也学会尊重自然、保护生态，共同守护这片美丽的家园。

最后，让我们顺着栈桥继续前行，去感受五花海出水口与孔雀河道的交汇点所带来的独特魅力。孔雀河道的蜿蜒曲折、两侧的花树杂生以及深秋的落叶满径，都为我们呈现了一个充满诗意与浪漫的世界。在这里，我们可以尽情领略大自然的神奇与美丽，也可以深刻思考人与自然的关系以及我们如何更好地与自然和谐共生，共同构建一个更加美好的未来。

二、课后任务

请大家阅读以下导游词主题内容。

（一）九寨沟导游词可选主题

1. 人与自然和谐共生理念的倡导

立意概述：九寨沟的自然景观和人文景观相互映衬，形成了独特的和谐共生之美。在导游词中重点强调人与自然和谐共生的理念，即人与自然是一个命运共同体，需要相互尊重、和谐共生。同时，鼓励游客在旅游过程中践行文明旅游、保护环境的理念，共同守护这份美丽与和谐。

2. 民族文化的传承与弘扬

立意概述：九寨沟不仅风景秀丽，还蕴含着丰富的藏羌民族文化。通过讲述九寨沟地区的民俗风情、传统节日、手工艺术等相关文化故事，让游客感受到中华文化的多样性和包容性，激发对民族文化的热爱和传承意识。

3. 对祖国大好河山的热爱之情

立意概述：九寨沟的自然美景和人文景观都是祖国大好河山的缩影。九寨沟的传奇故事和英雄人物，引导游客铭记历史、珍惜当下、展望未来。

4. 摄影艺术与自然美学的碰撞

立意概述：九寨沟是摄影爱好者的天堂，其光影变幻、色彩丰富的自然景观为摄影创作提供了无限灵感。分享摄影技巧，引导游客捕捉九寨沟的四季之美，同时探讨自然美学在摄影艺术中的体现，激发游客对自然美的感悟和创作热情。

（二）参考以上导游词主题完成课后任务

（1）请选择九寨沟的任意一个景点撰写导游词并进行讲解。
（2）讨论九寨沟应如何实现旅游发展与生态保护的平衡。

项目六　峨眉山

任务一　峨眉山景区

一、景区概况

峨眉山，古称光明山，位于中国四川省乐山市境内，是中国佛教四大名山之一。其地质基础为南北向短背斜构造，隶属邛崃山脉支系，地理坐标处于四川盆地西南缘。山体由四座主要山峰构成，其中大峨山为主峰，次为二峨山、三峨山和四峨山。

它是联合国教科文组织认证的世界文化与自然双遗产地。1996年12月6日，在联合国教科文组织世界遗产委员会第20届全体会议上，"峨眉山－乐山大佛"项目以全票通过的方式成功入选《世界遗产名录》，标志着其自然与文化价值获得了国际社会的权威认证。

这座圣山不仅拥有独特的地质奇观——侵蚀地貌与堆积地貌在此完美交融，更承载着千年文明积淀。作为中国佛教四大名山之一，峨眉山被尊为普贤菩萨道场，享有"佛国天堂"的美誉，其宗教建筑群与自然景观形成天人合一的独特意境。此外，山中还留存着多处道教文化遗迹，展现了多元宗教的和谐共生。这里既是峨眉武术的发祥地，又是茶文化的重要起源区，历代文人墨客在此留下的诗词碑刻更为其增添了人文厚度与内涵。

峨眉山的世界遗产价值体系包含四大核心要素：典型的地质构造演化剖面、北半球亚热带山地生态系统的完整生物链、持续千年的宗教文化传承，以及武术、茶艺等活态非物质文化遗产。这种自然与人文的深度交融，正是其通过世界遗产认证的核心竞争力。

(一) 位置境域

峨眉山市位于四川省南部、乐山市西北部，地处四川盆地西南边缘。其东北部与川西平原接壤，西南方向同大小凉山交界，全市总面积达 1183 平方千米。境内坐落着中国佛教四大名山之一的峨眉山，这里作为普贤菩萨的根本道场，千百年来承载着深厚的宗教文化底蕴。峨眉山主峰金顶海拔 3079 米，巍峨耸立于云海之上，是四川盆地周边的最高峰，其险峻雄奇的山势构成了典型的断块山地质景观。

峨眉山名称的起源存在多种说法，具体可归纳如下。

(二) 得名由来

1. 地理特征说

该说法主要基于地形特征：一说因"山势巍峨，景色秀美"得名；一说认为两峰对峙形如娥眉，故称"娥眉山"，后演化为"峨眉"；另有考证称其因毗邻古称"浥水"的大渡河而得名"浥湄山"，后因山体形成逐渐脱离水域，最终演变为"峨眉山"。

2. 历史文献说

据晋代常璩《华阳国志·蜀志》记载，峨眉山之名早见于西周时期。晋代左思《蜀都赋》"抗峨眉之重阻"已明确提及山名。北魏郦道元《水经注》叙述更详："去成都千里，然秋日澄清，望见两山相对如峨眉，故称峨眉焉。"[①]

3. 神话传说说

相传此处原为一块灰白巨石，高接云霄，方圆百里寸草不生。有巧匠立志将其改造为青山，其诚心感动天神，遂助其凿出峰峦峡谷。又遣绣娘将七彩绣帕抛向天际，幻化为霓霞林泉、花鸟百兽，最终造就今日灵秀之境。

4. 文人考据说

北魏地理学家郦道元指出："是山当浥水之眉。眉者，湄也，以水得名。"[②] 此说将地理特征与文字演变结合，为名称考证提供重要依据。

综观诸说，峨眉山得名既蕴含"山如娥眉"的形态特征，又承载"浥水之湄"的地理记忆，更融合了神话想象与人文考据。这种多源共生的命名文化，

[①] 陈桥驿：《水经注校证》卷 33，中华书局，2007 年，第 780 页。
[②] 陈桥驿：《水经注校证》卷 36，中华书局，2007 年，第 1042 页。

恰是中华山水文化"天人合一"特质的生动体现。

（三）形成演变

峨眉山的地质发展历史悠久，其形成和演变过程涉及多个阶段和复杂的地质作用。早在距今约 8.5 亿年前的早震旦世，峨眉山区尚属一片汪洋。随着晋宁运动的推进，该区域完成了从地槽区向地台区的构造转化。

真正的山体隆起与地貌雏形的形成始于白垩纪末期（约 7000 万年前）。受四川构造运动影响，原本水平分布的沉积岩层发生构造变形，形成多级褶皱体系和不同规模的断层网络。尽管此时峨眉山主体已初具规模，但其海拔仅约 1000 米，尚属四川盆地边缘的低山丘陵。

至始新世末期（约 3000 万年前），印度板块与扬子板块的剧烈碰撞不仅造就了喜马拉雅山脉的隆升，更在亚洲东部产生巨大侧向压力。峨眉山区域受东西向主压应力作用，发生强烈褶皱断裂活动。山体沿峨眉山大断层持续抬升，高程跃升至 2000 米量级，最终形成现今的峨眉山背斜构造主体。

外动力地质作用对山体形态的塑造同样关键。长期风化作用使火山岩体逐渐崩解为碎屑物质，经河流、冰川等外营力搬运至下游。这些岩屑在运移过程中持续磨蚀，塑造出独特的河谷地貌体系。流水侵蚀与重力崩塌等过程也在不断重塑着山体轮廓。

峨眉山的现代地貌格局是内外地质营力协同作用的产物：既有地壳运动引发的构造隆升，也有着风化剥蚀的改造作用，同时还叠加了古火山活动的物质基础。这种多期次、多机制的地质过程共同书写了这座地质名山的演化史诗。

（四）地理环境

在地貌特征上，峨眉山可划分为两大类型：以山地为主的侵蚀地貌区以及山前地带的扇状冲洪积平原堆积地貌区。根据成因差异，可进一步细分为构造地貌、流水地貌、岩溶地貌和冰川地貌等类型。从大地构造来看，该山体位于上扬子板块核心的峨眉—瓦山断块带，属于典型的背斜断块山地。区域地质构造复杂，主体构造为轴向南北、延伸约 7 千米的峨眉山背斜，展布于张沟至洪椿坪一带。

（五）气候特点

峨眉山气候特征受地形影响显著，呈现三级分层特征：海拔 710 米以下的清音阁区域属低山暖湿气候带，植被茂密、泉涧清凉，气温与四川盆地基本持平；海拔 710～2070 米的区域为中山温凉带（清音阁至洗象池段），年均温较山麓低 4～5℃；海拔 2070 米以上的金顶为高山寒凉带，年均气温仅 3.0℃，冬季积雪期长达半年之久。具体表现如下。

1. 垂直气候带显著

因山体海拔高低悬殊（山脚至山顶高差约 2600 米），峨眉山形成了典型的垂直气候带。自山脚至山顶，可依次呈现亚热带至寒温带的递变特征。这种气候梯度造就了峨眉山植被类型与生态系统的垂直分异。

2. 湿润多雨特征突出

地处四川盆地西南缘的峨眉山，受东南季风与地形抬升作用影响，年均降水量达 1600 毫米以上。夏季降水集中，多强降雨；高海拔区年均雾日超 300 天，丰沛的水汽条件滋养了冷杉林与峨眉山云雾茶等特色物种。

3. 温度梯度显著

海拔每上升 100 米气温下降约 0.6℃，金顶（3079 米）与山脚年均温差达 14℃，极端情况下单日温差可逾 20℃。冬季山顶积雪期长达半年，而中低山区仍保持相对温暖。

4. 光热资源垂直分异

低山区年日照时数逾 1000 小时，而海拔 2000 米以上区域受云雾遮蔽，日照时数锐减至不足 800 小时，形成"山下朗照，山巅云锁"的独特光环境。

5. 季相变化鲜明

在垂直气候带基础上，仍遵循亚热带季风气候的四季韵律：春有杜鹃花海，夏有凉风习习，秋现彩林云瀑，冬呈"金山映雪"奇观，四季景观各具特色。

综上所述，峨眉山以垂直气候带显著、降水丰沛、温差悬殊、光热垂直分异、季相特征鲜明为核心气候特征，这些自然禀赋不仅孕育了珙桐、枯叶蝶等 3000 余种特有生物，更形成了"一山有四季，十里不同天"的生态奇观，令峨眉山成为研究山地气候与生物多样性的天然实验室。

（六）土壤基质

峨眉山以其复杂的地形地貌和独特的气候梯度，发育了完整的土壤垂直带谱系统，具体特征如下。

1. 垂直地带性分异

受海拔梯度影响（山脚 500 米至金顶 3079 米），土壤类型呈现典型的垂直分异规律。从基带土壤到山顶土壤，完整发育了黄壤—黄棕壤—暗棕壤—棕壤—灰化土的垂直带谱，与植被垂直带（常绿阔叶林－针阔混交林－暗针叶林－高山灌丛）形成耦合关系，共同构建了完整的山地生态系统。

2. 主要土壤类型特征

(1) 黄壤带（海拔<1000m）

黄壤带分布于基带丘陵区，发育于侏罗系砂页岩风化壳。剖面呈鲜黄色，pH4.5~5.5，黏粒含量>30%，铁铝富集明显。该带土壤阳离子交换量达15~25cmol（+）/kg，是峨眉雪芽等特色经济作物的优质立地。

(2) 黄棕壤－暗棕壤带（1000~2200m）

过渡带土壤呈现黄棕壤（1000~1500m）向暗棕壤（1500~2200m）的演化趋势。表层有机质含量随海拔升高显著增加（黄棕壤3%~5%，暗棕壤8%~12%），腐殖质组成以富里酸为主（HA/FA<1），适宜冷杉、杜鹃等林木生长。

(3) 棕壤－灰化土带（>2200m）

山顶部位发育山地棕壤，剖面厚度<50cm，砾石含量>40%，具有弱灰化特征。在冷湿环境下（年均温<6℃），局部出现灰化土，表现为典型的As－Bs－Cs剖面构型，铁铝氧化物明显下移。

3. 土壤理化特性

中低海拔土壤（<2000m）具有优良的生态功能：有效持水量达200~300mm，CEC>20cmol（+）/kg，盐基饱和度>35%。高海拔土壤虽有效土层浅薄（<30cm），但受地形雨补给（年降水>2000mm），仍维持着稳定的高山草甸生态系统。

4. 成土因素解析

母岩基础：三叠系—震旦系多种沉积岩系提供异质成土母质。
气候驱动：垂直气候带（中亚热带—暖温带—寒温带）控制物质迁移。
生物作用：不同海拔植被类型主导腐殖质积累过程。
地形影响：坡度>25°区域普遍存在侵蚀性成土过程。
人类活动：低山带茶园种植导致土壤酸化加剧。

研究表明，峨眉山土壤多样性是其生物多样性的关键地学基础，不同海拔土壤类型支撑着从农业生态系统到原始森林的完整生态序列，这种完整的垂直带谱相较于我国东部同纬度山地具有独特的研究价值。

(七) 水文环境

峨眉山水文资源丰富多样，其水系属于大渡河—青衣江流域，境内分布着峨眉河、临江河、龙池河、石河、花溪河五条天然河流。以下将从四个维度解析区域水文特征。

1. 河流分布体系

峨眉山河流主要分布于山麓及中海拔区域，水源补给以高山冰川融水和山地降水为主，形成密集的水系网络。作为核心干流的峨眉河自西向东贯穿景区，最终注入大渡河。该河支流水系发达，符汶河、虹溪河等支流在群峰间蜿蜒穿行，不仅塑造出独特的地貌景观，更为区域生态系统提供了持续的水源滋养。

2. 水资源储量特征

受益于亚热带季风气候与地形雨效应，峨眉山区域年均降水量达1800毫米以上，再叠加冰川融水补给，形成了稳定丰沛的水资源体系。除天然河道外，人工水利设施建设成效显著，峨眉山水库、龙池湖等23处蓄水工程兼具民生供水与旅游开发功能，实现了资源的多重利用。

3. 水质特性分析

经生态环境部门监测，峨眉山地表水常年保持Ⅰ类至Ⅱ类水质标准。茂密的亚热带常绿阔叶林构成天然滤净系统，配合水源涵养区划定、排污总量控制等管理措施，构建起一套立体化水质保障体系。

4. 水文景观价值

复合型水文景观提供旅游核心吸引力：河道景观带呈现"水绕青山转，峰回碧水流"的生态画卷，黑龙潭、万佛顶天池等高山湖泊如碧玉般嵌于林海，清音阁双桥瀑布、洪椿坪温泉等特色景观形成冷热交融的水文奇观。这些资源经科学开发，现已形成6条特色水文旅游线路，年接待游客超300万人次。

作为长江上游重要生态屏障，峨眉山水系不仅维系着生物多样性热点区域的生态平衡，其"山水林泉瀑"有机组合的地貌特征，更成了研究亚热带山地水文系统的典型样本。持续开展的生态流量管控、小流域综合治理等工程，正推动该区域向人水和谐的新型发展模式演进。

(八) 山脉关系

峨眉山属于邛崃山脉支脉，其山体南北延伸约23千米，总面积约110平方千米，主要由四座山峰组成：大峨山、二峨山、三峨山和四峨山。其中大峨山海拔达 3099 米，为群峰之冠。

大峨山：作为峨眉山主峰（3099 米），是景区核心区域，凭借壮丽的自然景观与深厚的佛教文化底蕴，成为众多游客的朝圣之地。

二峨山：位于大峨山东南（1908 米），两山相对状若秀眉，故得"峨眉"之名。虽未大规模开发旅游业，但其原始林壑与丹霞地貌仍令游人赞叹。

三峨山：别称美女峰（乐山市沙湾区），主峰海拔 2027 米。山体经风化剥蚀，形成仰卧女性轮廓，其惟妙惟肖的造型堪称地质奇观。

四峨山：坐落于峨眉山市北 5000 米处（海拔 982 米），藏有普贤寺遗址、古战场遗迹等历史印记，是探索人文与自然景观的秘境。

作为世界文化与自然双遗产，峨眉山既以云海佛光等奇景惊艳世人，更凭借千年佛教道场积淀令访客驻足沉思。四重峰峦各展风姿——或现金顶华藏之庄严，或呈幽谷清泉之野趣，或演地质年轮之神奇，或载人文密码之厚重。无论是寻求心灵净土，还是向往登山探险，这片造化钟秀之地都将以多元面貌回应每份期待。

（九）资源状况

1. 植物资源

峨眉山素有"古老的植物王国"之美誉，其植物资源极为丰富。全景区植物种类近 5000 种，其中已知高等植物达 242 科 3200 余种，约占中国植物物种总数的 10%；特有植物 107 种，占全国特有植物总量的 11.56%；国家首批重点保护植物 31 种，占比达全国保护植物总数的 10%。

为加强植物保护工作，峨眉山现已系统收集保存植物近 2000 种（含 130 种国家重点保护物种），并建有多个专业保育机构，包括药用植物资源圃、蕨类植物专类园、特有珍稀植物专类园等。

2. 动物资源

峨眉山作为生物多样性宝库，拥有极为丰富的动物资源。现已记录的野生动物达 3200 余种，其中脊椎动物包含四大类群：哺乳纲涵盖 7 目 23 科 51 种及亚种；鸟纲达 16 目 43 科 256 种及亚种，包括中国特有种 27 种、国家保护物种 17 种及地模标本 7 种；爬行纲包含 2 目 10 科 34 种及亚种；两栖纲则有 2 目 7 科 33 种及亚种。节肢动物则以昆虫纲鳞翅目的蝶类尤为著名，现存 268 种之多。

截至 2025 年 6 月，全山列入国家重点保护名单的动物有 29 种，占全国保护动物总数的 12.08%。其中一级保护动物 2 种（占全国 2.2%），二级保护动物 27 种（占全国 18%）。具有特殊科研价值的物种达 157 种，包含珍稀特有物种和以峨眉山为模式产地的物种。值得一提的是，凭借 268 种蝴蝶资源，峨眉山已成为国际公认的"世界蝴蝶圣地"。

昆虫资源方面，除鳞翅目外，蜻蜓目、膜翅目（如蚂蚁）和双翅目（如蚊类）等类群同样丰富，部分物种在生物防治和生态指示方面具有重要价值。整体而言，峨眉山不仅动物资源种类繁多，更因其特有的生物群落和完整的生态系统，成为具有全球意义的生物基因库和科研示范基地。

3. 宗教文化

峨眉山是中国佛教四大名山之一，素有"佛国天堂"之称。这里不仅以秀丽的自然风光闻名，更因其深厚的宗教文化底蕴而著称。自汉唐以来，峨眉山始终是佛教信徒朝圣的圣地。

（1）佛教文化历史渊源

峨眉山的佛教文化源远流长，早在公元 1 世纪东汉时期便建有佛教寺院。历经魏晋南北朝的发展，至唐宋时期达到鼎盛，佛教在此地与本土文化交融互鉴，并使峨眉山逐渐发展成为具有重要地位的圣地。

（2）著名寺庙

以报国寺、万年寺为代表的"金顶八大寺庙"集中体现了峨眉山佛教文化的精髓。这些千年古刹不仅是宗教活动的核心场所，更是集建筑艺术、雕塑绘画和典籍文献于一体的文化宝库。游客在此既能感受庄严肃穆的宗教氛围，又可鉴赏精美的佛像雕塑、壁画艺术及佛教典籍。

（3）普贤菩萨道场

作为普贤菩萨应化道场，峨眉山在佛教中具有特殊地位。普贤菩萨被尊为"诸佛长子"，象征理德与行愿的圆满。每年农历六月十五的普贤圣诞日，海内外信众都会云集于此，参与盛大的朝山祈福活动。

（4）宗教活动

这座佛教圣地常年举办各类法务活动，包括水陆法会、禅七修行、早晚课诵等。游客可通过短期禅修体验、经书抄写等活动，深度感受佛教文化的独特魅力。

（5）多元文化交融

除佛教文化外，峨眉山还见证着道教文化与儒家思想的交融共生。山间的道教宫观与儒家书院遗址交相辉映，不同思想体系在此碰撞融合，形成了"三教共荣"的独特人文景观，生动展现了中国传统文化兼容并蓄的精神特质。

4. 武术文化

峨眉山不仅是普贤菩萨道场与禅宗祖庭，还孕育了与少林、武当鼎足而立的峨眉武术体系。这座云雾缭绕的仙山将佛门禅意与武道精髓完美融合，形成了独具巴蜀风骨的武学传统。

（1）武脉源流

峨眉武术肇始于先秦巴蜀先民的生存智慧，历经千年演变，在唐宋时期随禅宗兴盛而臻于完善。山中僧众为护持佛法、抵御猛兽，将禅修心法与巴地武技熔铸一炉。明代白衣道人独创"峨眉十二桩"，标志着这一武术体系的理论成熟，清初湛然法师著《峨眉拳谱》，使其成为与少林、武当并称的三大内家拳宗。

（2）传习之道

峨眉武学的传承体系呈多元格局：在报国寺等古刹设有禅武研修院，以延续"以武显禅"的宗门传统；民间则通过"打金章"比武大会筛选英才，曾涌现出圆悟、静如等武学宗师。当代更形成"非遗传承人—武校—民间拳社"三级传播网络，使 36 路散手、108 式猴拳等濒危技法得以存续。

（3）武学丰碑

作为长江文明孕育的武学高峰，峨眉武术对太极拳、八卦掌等内家拳种有着深远影响。峨眉武术于 1983 年入选首批国家级非物质文化遗产名录，其"武医结合"理念更启发了现代运动医学的发展。

这座被晚钟浸润的武林圣山，始终以拳脚书写着禅宗智慧。当朝阳掠过万年寺的琉璃瓦顶，历代武僧以肉身演道的剪影，依然在九老洞的薄雾中若隐若现，见证着中华武学生生不息的精神传承。

5. 峨眉山茶文化

峨眉山，这座坐落于中国四川省的名山，不仅以秀美的自然风光和深厚的宗教文化闻名于世，还孕育了独特的峨眉山茶文化。

（1）历史渊源

峨眉山茶文化源远流长，据传早在春秋时期，当地居民就已开始种植茶叶。历经千年的发展与演变，峨眉山茶逐渐形成了独特的品质与风格。唐宋时期，峨眉山茶更成为宫廷贡品，深受皇室贵族青睐。

（2）茶叶特色

峨眉山茶以品质卓越著称。得益于独特的气候条件与肥沃的土壤，茶树在此蓬勃生长，所出茶叶肥壮饱满、色泽翠绿，兼具馥郁香气与鲜爽滋味。

（3）品种丰富

峨眉山茶品种繁多，涵盖峨眉雪芽、竹叶青、蒙顶黄芽等。其中，峨眉雪芽尤为知名：其外形扁平挺直，色泽嫩绿油润，香气清高持久，汤色嫩绿明亮，入口鲜爽回甘。

（4）制作工艺

峨眉山茶的制作工艺极为考究，涵盖采摘、杀青、揉捻、干燥等环节。每道工序均需严格把控时间与温度，方能确保茶叶具有卓越品质与醇厚口感。

（5）文化影响

峨眉山茶文化在中华茶文化圈中占据重要地位，既是传统茶文化的核心组成部分，亦对周边茶文化产生深远影响。此外，峨眉山茶更远播海外，享誉国际，吸引众多外国茶客专程前来中国四川品鉴研习。

峨眉山茶文化堪称中国传统文化的瑰宝，既承载着深厚的历史底蕴与独特的艺术魅力，又蕴藏丰富的哲学智慧。若有缘造访峨眉山，不妨深入探寻其茶文化精髓，领略那份独特的茶韵风情。

6. 峨眉山诗文化

除茶文化外，诗文化也是峨眉山独具特色的一大瑰宝。

（1）历史渊源

峨眉山诗文化源远流长，在古代，众多文人墨客都曾为这里的山水胜景所倾倒，慕名而至，留下了大量脍炙人口的诗篇。这些作品既描绘了峨眉山的灵秀风光，亦承载着诗人对自然、人生与社会的深刻哲思。

（2）诗歌特色

峨眉山诗歌题材广博，涵盖山水田园、禅寺古迹、人文风情等。其中山水诗成就尤为卓著，如李白《峨眉山月歌》以空灵笔触勾勒月夜山色，其诗堪称千古绝唱。

（3）风格多元

诗风豪迈雄浑与婉约清丽兼具，诗人们在峨眉山水间各得灵韵，形成独具个性的创作风格。既有气吞云海的壮美长吟，亦不乏寄情幽涧的隽永小品。

（4）意境深邃

诗作常以景入禅，通过山水意象传递超然境界。诗人在描摹自然之美时，往往融入对生命本质的叩问，使作品兼具艺术价值与哲学深度。

（5）文化影响

峨眉山诗文化在中国文学史上地位举足轻重，既是传统诗歌的重要脉络，亦为后世流派提供滋养。其影响力更跨越国界，成为世界文学宝库中的璀璨明珠，吸引海外学者前来专研探微。

峨眉山诗文化凝聚着中华文明的智慧结晶，厚重的历史积淀与独特的艺术魅力交相辉映。若有机缘造访此山，不妨循着诗韵墨痕，感受穿越千年的诗意灵光。

7. 特产

峨眉山以其独特的气候环境和人文风俗滋养着品类繁多的特色物产。

（1）峨眉雪芽

作为高山茶中珍品，峨眉雪芽生长在海拔 800~1200 米的云雾茶园。其外形扁平似剑，色泽翠绿含霜，冲泡后汤色澄澈如碧，持久萦绕的清香中透着鲜爽回甘。从清明前的精选手采到传承古法的匠心制作，一道道严格且细致的工序造就了这款茶中逸品。

（2）峨眉竹叶青

作为另一茶中翘楚的竹叶青，则扎根于海拔更高的 800~1500 米生态茶区。紧结挺秀的茶条宛若竹叶，在莹润的翠色中升腾起浓郁茶香，醇厚滋味在舌尖层层绽放。独特的"低温提香"工艺，令其兼具观赏性与品饮价值。

（3）峨眉豆花

浸润着山泉灵气的峨眉豆花，是选用非转基因黄豆，经石磨细研，以传统酸水点卤工艺凝脂而成。其入口如绢帛轻抚，豆香清雅回甘，再配以秘制红油蘸碟，堪称巴蜀饮食智慧的结晶。

（4）峨眉豆腐干

经过十二道古法工序精制，将大豆蛋白转化为豆腐干的弹韧肌理，或麻辣鲜香刺激味蕾，或五香醇厚余韵绵长，真空锁鲜技术更让这份山野之味能伴随游客直到旅途结束。

（5）峨眉山中药材

云遮雾绕的原始林海中，生长着 1800 余种道地药材。天麻醒脑通络，黄连清热燥湿，杜仲强筋健骨，这些遵循自然农法培育的药材，经现代工艺制成饮片、颗粒等剂型，成为传承千年的养生密码。

从氤氲茶香到匠心美食，从本草智慧到手作风味，峨眉山的物产谱写着人与自然共生的隽永诗篇。来到峨眉，游客既可细品盏中春秋，亦能将山水灵韵封存于手信之中，延续这段跨越千年的风物对话。

任务二　峨眉山景点介绍

一、禅寺景观

（一）报国寺

报国寺（见图 6-1）坐落于四川省峨眉山市峨眉山凤凰坪下，作为峨眉山八大核心寺院之一及山中规模最宏大的古刹，其历史可追溯至明代万历年间，一名叫作明光的道人于伏虎寺西侧创建会宗堂，取"儒释道三教会宗"之意，开启了佛道共存的特殊格局。清顺治九年（1652年），寺院整体迁建于现址并完成重修工程。康熙四十二年（1703年），御赐"报国寺"之名。

图 6-1　报国寺

匾额的正式定名，典出佛教"四恩四报"中的"报国主恩"理念，这一敕封标志着该寺院被正式纳入了国家祭祀体系。

这座占地 4 万平方米的禅林依山势层叠而筑，形成了坐西朝东的五进殿宇格局。沿中轴线依次分布着山门、弥勒殿、大雄宝殿、七佛殿与普贤殿，层层递进的建筑群将汉传佛教寺院规制与巴蜀山地特色完美融合。寺院东南隅的凤凰堡上，一尊重达 12.5 吨的明代莲花纹铜钟巍然矗立，峨眉十景之一的"圣积晚钟"正是从这里生发。与此同时，该铜钟还被收录进了《中国古钟志》，成为佛教梵钟的典范之作。

报国寺承载着多重文化内涵：山门前"天下名山"牌坊与郭沫若墨宝彰显着其人文底蕴，寺内珍藏的徐悲鸿《达摩东渡图》等艺术瑰宝见证着文化交融，而定期举办的传戒法会与禅修活动则延续着千年法脉。这座兼具皇家寺院气度与山林禅院清幽的古刹，通过建筑艺术、宗教仪轨与自然景观的完美统一，为访客构筑出独特的文化体验空间。

报国寺依山势构建四重殿宇，逐级攀升，形成层叠递进的雄伟格局，与自然山体完美融合。主体建筑依次为：一进弥勒殿，供奉弥勒菩萨圣像；二进大雄宝殿，主尊为释迦牟尼佛金身彩塑莲座像；三进七佛殿，供奉庄严七佛；四进普贤殿，专奉普贤菩萨法相。

"圣积晚钟"作为峨眉十景之冠，其浑厚钟声可远传十里。寺内更存有两株国家一级保护植物桫椤，此乃中生代侏罗纪（距今约1.8亿年）遗存的珍稀木本蕨类，被誉为植物界的"活化石"。寺院西侧设有峨眉山文物陈列馆，珍藏历代陶瓷玉器、书画典籍、青铜礼器及战国时期兵器等珍贵文物，其中尤以出土青铜器最具考古价值。

作为兼具宗教圣迹与人文胜景的复合型文化地标，报国寺不仅完整保存了汉传佛教建筑规制，更通过丰富的文物典藏系统展现了巴蜀地域的文明演进历程。无论是宗教朝圣、古建考察，还是文化寻踪，报国寺皆能提供一种不可多得的深度体验。

（二）万年寺

万年寺（见图6-2）是峨眉山历史最悠久的古刹之一，相传为汉代采药老人蒲公礼佛处。东晋隆安五年（401年）创建，时名普贤寺；唐乾符三年（876年），慧通禅师重建寺院，易名白水寺；宋代改称白水普贤寺。明万历二十八年（1600年）重修时，神宗赐额"圣寿万年寺"，此名沿用至今。

图 6-2 万年寺

万年寺为峨眉山八大寺庙之一，是全国重点寺院，寺内有无梁砖殿、巍峨宝殿、白水池等景点。值得一提的是，万年寺原为十三重殿宇的宏大寺院，但因历史上屡遭火灾，除无梁砖殿外，其余古建筑多已不存。现万年寺对公众开放，是峨眉山景区的重要景点。

1. 主要景点

（1）无梁砖殿

无梁砖殿为万年寺第二殿，亦称普贤殿。此殿始建于明代万历二十八年（1600年），相传由寺内住持福登和尚奉诏兴建而成。

无梁砖殿为全砖砌筑的塔式建筑，构造奇巧，融合印度那烂陀寺建筑风格，体现"天圆地方"理念。全殿高18.22米，面阔与进深均为16.02米，建筑面积约257平方米。殿顶立有五塔，分置东南西北中五方，四角塑有狮、象、鹿等瑞兽。门额、斗拱、垂柱、窗棂等构件均依明代法式建造。

无梁砖殿的建造特色可归纳为以下三点：

其一，木椽出檐设计：充分发挥砖石材料的承重优势，檐部构造稳固且具装饰性。

其二，穹窿结构创新：采用"天圆地方"砌法形成发券穹顶，内部为近乎完美的半球形，此类砖构穹顶在同期建筑中十分罕见，体现了明代官式砖作技艺的成熟。

其三，多元文化融合：平面布局延续四川寺庙传统，施工技艺兼顾地方需求与官式水准，外装饰则因宗教功能与中原同类建筑风格统一，因而堪称地方传统、官式技术与时代特征的集大成之作。

(2) 普贤铜像

普贤铜像是万年寺内最珍贵的文物，被誉为万年寺镇寺之宝，亦为峨眉山"镇山之宝"。此像铸于北宋太平兴国五年（980年），高7.4米，重63吨，通体以纯铜精铸，为普贤道场确立的核心标志。铜像表现普贤菩萨结跏趺坐于六牙白象背莲台之上的形态：白象垂耳舒鼻，露牙踏莲，似行驻之间；菩萨头戴五佛金冠，身披袈裟，手持如意，法相慈悲庄严，体态端凝匀称。

该铜像现供奉于明万历年间（1573—1620年）所建无梁砖殿内。殿中除普贤骑象主像外，另藏有24尊"圆觉"铁像、280件小铁佛及1件小铜佛。关于千年前古人是如何将如此巨像运抵高山的，学界尚未完全破解其技术细节。然其恢宏形制与精湛工艺，至今仍吸引着无数访客，使其成为峨眉山文化遗产的杰出代表。

(3) 巍峨宝殿

巍峨宝殿位于无梁殿后方，为寺院现存最宏伟的建筑。大殿四面环以回廊，采用单檐歇山顶，中央增设腰檐。面阔五间，明间尤为开阔，因门洞跨度较大，特于门框内增置双柱支撑。建筑整体色彩素雅、造型简朴；殿内居中供奉阿弥陀佛立像，韦驮菩萨像则立于佛龛背屏处。

2. 传说故事

在海拔700～1500米的万年寺等地，每到夏季黄昏或静谧夜晚，都能聆听到弹琴蛙的清脆鸣唱。其声宛如电子琴奏响的悠扬旋律，令人心旷神怡。

关于万年寺毗卢殿旁白水池中的弹琴蛙，流传着一个动人的传说。相传此处原是唐代诗人李白聆听蜀僧广濬弹琴之地，每当琴声响起，总有一位绿衣少女倚门静听。这位少女实为池中之蛙所化，其暗中习得高僧的琴艺精髓，并以此来精进自己的技术。如今池中弹琴蛙的鸣声清越婉转，宛若琴瑟和鸣，恰似在演绎着首首天籁之曲，"仙姑弹琴"的美丽传说便由此世代相传。这个充满诗意的故事，生动诠释了人与自然和谐共生的理念，更展现出动物感知人类艺术的美妙灵性。

(三) 伏虎寺

伏虎寺（见图6-3），别名伏虎禅院、神龙堂、虎溪精舍，坐落于四川峨眉山山麓，地处瑜伽河与虎溪交汇处，为峨眉山最大尼姑庵之一。该寺始建于晋代，初名药师殿。唐代时，云安禅师主持重建并将其更名为"龙神堂"，至宋代又改称"神龙堂"。明末寺庙遭战火损毁，清顺治八年（1651年）重建后更名为"虎溪精舍"。因寺院周边常有虎患,僧人建尊胜幢以镇之,故又得名"伏虎寺"。

作为峨眉山八大寺庙之一,伏虎寺素有"密林藏伏虎"之誉。寺内悬有康熙帝御赐"离垢园"匾额,寓意清净无染之境,另有御题"云上金顶,天下峨眉",彰显其佛教地位与自然胜景。

1. 人文历史

伏虎寺为全国重点寺院,海拔 630 米。其历史可追溯至晋代药师殿,唐代重建为龙神堂,宋代易名神龙堂。据《峨眉山志》载,北宋遇安禅师曾在此参悟《楞严经》。相传某秋夜,禅师讲经时,一虎突至,禅师以慈悲心感化,虎遂伏地听法。后禅师筑茅修行,渐成寺院,始名"伏虎"。此外,另有僧士性建尊胜幢以镇虎患而得名之说。两说皆体现其深厚人文底蕴。

图 6-3 伏虎寺

伏虎寺与报国寺相邻,两片寺院之间的"布金林",为峨眉山的四大禅林之一,相传,"布金林"为寂顽和尚依《大乘经》字数所植,因此共有桢楠、杉、柏十万九千余株,是峨眉山有名的避暑胜地。林间牌坊由沈鹏、李长路题字,木构如意拱隐于苍翠,静谧祥和。寺周林木蔽日,屋顶却终年无落叶积存,堪称奇观。

2. 建筑特色

伏虎寺依汉传佛教传统布局,沿中轴线依次分布了山门、弥勒殿、菩提殿、大雄宝殿、罗汉堂、御书楼等,十三进殿堂随山势递升。天王殿、普贤殿、大雄宝殿掩映在古木间,辅以观音殿、青云轩等建筑,构成深邃庄严格局。寺院以木构架为主,屋顶形制多样,小殿多取悬山式结构。因山势环抱,气流回旋如龙卷,致鸟虫难栖屋宇,故有"离垢"之奇,整体营造"曲径通幽处,禅房花木深"的禅境。

3. 主要景点

(1) 弥勒殿

首进殿堂供奉弥勒佛,两侧列四大天王(东方持国天王持琵琶,南方增长天王执剑,西方广目天王握伞,北方多闻天王托塔),象征"风调雨顺"。

(2) 韦陀菩萨

殿内韦陀像威严凛然。相传释迦牟尼涅槃时,韦陀护持佛骨力退魔众,故被尊为护法天神。

(3) 离垢园

康熙御题"离垢园"匾悬于此处。园中屋宇四季无落叶,洁净如涤,因而传为神迹。

(4) 大雄宝殿

清顺治八年(1651年)重修,殿前设长明灯(佛前海灯)。建筑融合川西民居特色,采用重檐、歇山等形制,小青瓦覆顶。殿内主尊为释迦牟尼佛或三身佛,两侧列十八罗汉,体现丛林规制。

(5) 华严塔

明万历十三年(1585年)铸,通高5.8米,十三层八角形制,铸佛像4700余尊并镌《华严经》全文,通体无接缝,为镇寺之宝。

(6) 罗汉堂

1995年重建堂内供499尊罗汉①像。据传造像师乃隐世罗汉,故合称"五百罗汉"。中央观音像含笑端坐,周列罗汉或喜或嗔,神态鲜活。其中布袋罗汉憨态可掬,尤引人驻足。

(四) 清音阁

清音阁(见图6-4),坐落于峨眉山风景区的核心腹地,左衔洪椿坪与仙峰寺,右接白龙洞及万年寺,是朝圣与观光的枢纽要地。其历史可追溯至唐代,初名牛心寺,又称卧云寺,后更名清音阁。

作为峨眉山的重要古刹,清音阁在唐僖宗年间由慧通禅师所建,主殿供奉释迦牟尼、文殊菩萨与普贤菩萨等鎏金圣像。

虽受限于山势,清音阁建筑规模不大,却得山水之精妙。此处尤以"双桥清音"闻名遐迩:阁畔双飞亭翼然,左右各跨虹桥,桥下青石嶙峋,激湍相激,泠泠作响。亭中石碑镌刻"万古清音"四字,恰如其

图6-4 清音阁

---

① "罗汉"为梵语"阿罗汉"略称,一说为佛之五百弟子,一说为度化盲众。据载,佛灭后,其弟子曾六次结集佛经,其中首次"五百结集"即由五百比丘于王舍城完成。

分地诠释了此间意境。此处也成为摄影爱好者的争相取景之地。

清音阁的主要景点如下。

1. 双飞桥奇观

群山环抱间,一座飞檐朱阁巍然矗立。以红檐接待厅与中心亭台为轴,两侧石桥如展翼青鸾横跨黑白二水,故得"双桥"之名。

2. 二水合流胜境

黑水自九老洞下黑龙潭奔涌而出,经洪椿坪蜿蜒至此,因水体深邃如墨得名黑龙江;与之相对的白水发源于弓背山三岔河,绕万年寺九曲而来,因水质澄澈泛白称白龙江。两江交汇处,激流昼夜冲击潭中牛心石,任浪涛拍岸,此石岿然不动,形成寺、山、水、石浑然天成的绝景。戊戌英烈刘光第曾题"双桥两虹影,万古一牛心"之名盛赞其妙。

诗画交融的"双桥清音"奇观,位列峨眉十景之冠。四时不论寒暑,昼夜无分晦明,清越水声始终萦绕其间,再辅以双桥映带的建筑奇巧,成就了这座佛教名山最富禅意的自然交响。

(五)洪椿坪:峨眉深处的千年禅境

1. 云中秘境

在峨眉山群峰环抱处,坐落着一座被千年古木守护的禅院。晨光穿透云杉林梢,在青苔斑驳的石径上织就金色网纹。海拔1120米的洪椿坪,北倚天池、天柱双峰,南接白云峡云海,东西两侧大坪岭与宝掌峰如巨屏相峙。这里终年氤氲着温润雾气,冬季无朔风刺骨,盛夏无酷暑侵人,俨然一处遗世独立的生态秘境。

每当破晓时分,林间升腾的晓雾幻作万千玉珠,悬缀于草叶枝丫之间。游人踏着3200级"蛇倒退"石阶攀缘至此时,常会遇到"山行本无雨,空翠湿人衣"的奇观。待浓雾漫卷时,咫尺之外人语相闻,却形影难辨,唯闻空谷鸟鸣与松涛相和,恍若置身太虚幻境。清康熙帝曾在此御笔题写"忘尘虑"三字,至今碑刻犹存,这三个字,道尽了此间涤荡尘心的妙境。

2. 古木禅踪

这座始建于宋代的千年古刹,初名千佛禅院,明崇祯年间扩建后迎来鼎盛。乾隆年间虽遭祝融之灾,却在峨云禅师的主持下涅槃重生。如今寺前幸存的三株千年洪椿,恰似三位沧桑老者,向游人诉说着古刹的前世今生。

这三棵树中,南侧一株虽遭雷火仍虬枝峥嵘,西崖那株则在百年前随山崩坠入深谷,唯寺门左近那株依然亭亭如盖。这些树围需数人合抱的活化石,将《庄子》"八千岁为春"的意境凝固成具象的图腾。古树年轮里,似乎镌刻着明万历帝敕造铜碑的往事,树荫下亦曾回荡过楚山性一禅师诵经的梵音。

3. 建筑哲思

古刹建筑群依山就势,完美诠释了"天人合一"的营造智慧。中轴线串联山门、天王殿直至藏经楼,钟鼓二楼左右拱卫,僧寮斋堂分列两厢。大雄宝殿内释迦金身宝相庄严,殿宇采用"通透法"营造——游廊开敞,门窗空灵,令建筑与山林气息自由交融。

最精妙处当属古刹的空间叙事:自山门拾级而入,视线随地势渐次抬升,禅院仿佛悬浮云间。这种"虚实相生、有无相成"的建构理念,暗合了《金刚经》"应无所住而生其心"的禅机。寺中保留的隋唐遗韵,尤其是塔院与佛殿的空间对话,亦见证着佛教建筑中国化的演变轨迹。

4. 灵泉传说

观音殿一侧的锡杖泉,至今仍涌淌着动人传说。盛唐时期,广浚禅师率众开凿引水,将天池峰清泉引入禅院。民间相传禅师以锡杖叩岩,在诵经声中甘泉应声而出。这眼四季不涸的灵泉,不仅滋养过千名僧众,更衍生出仙女赐泉的美丽神话。

如今游人驻足泉边,仍可见岩壁上岁月侵蚀的引水槽痕。当晨曦穿透古银杏的叶隙,在泉池洒下细碎金光,我们似乎能想见当年僧侣汲水烹茶的场景。泉畔"洪椿晓雨"的摩崖石刻,与康熙御碑遥相辉映,构成物质与精神的双重泉源。

这座集自然奇观、建筑瑰宝与人文积淀于一身的千年禅院,既是攀登金顶途中的精神驿站,更是解读峨眉山文化基因的关键密码。当暮鼓晨钟惊起林间宿鸟,洪椿古树的新芽也悄然萌发,在生命的演替与轮回中续写着属于东方山岳圣地的永恒诗篇。

(六) 洗象池:月照禅心的云巅胜境

1. 地理溯源

坐落于峨眉山 2070 米海拔处的洗象池,宛如一个云端佛国,镶嵌在万顷苍翠之中。这座始建于明代的建筑,初名初喜亭,历经五百年风雨,蜕变为知名的禅宗名刹,如今,它既是朝圣者必经的佛门净地,又是探幽者向往的生态秘境。从仙峰寺上行 12 千米,穿越钻天坡的千级石阶,就可以抵达这座被弓背山、千佛顶、金顶等群峰环抱的云中古寺。

2. 历史沿革

清康熙三十八年（1699年），古刹因普贤骑象汲水的传说的流传而更名洗象池，完成了从"初喜庵"到禅宗道场的蜕变。寺中现存的弥勒殿、大雄宝殿等建筑群，其铅皮铺就的坡顶与低矮的屋檐，默默诉说着曾经的历史故事。1982年扩建的四幢客舍，让这座古寺在保留历史风韵的同时，成为峨眉山接待能力最强的禅修之所。寺前象池至今清泉不涸，见证着往来僧侣汲水濯衣的千年日常。

3. 天象奇观

"象池夜月"是峨眉山的绝景之一，其奇特之处，在于突破常规的月相美学。当秋月凌空，澄澈池水既能倒映东升玉兔，亦可捕捉西沉冰轮，双重月影的天地交辉堪称寰宇奇观。明代诗人谭钟岳笔下的"月明池静，幽思绵绵"在此具象呈现：冷杉林以刚劲的枝丫切割月光，与西湖柳月形成阴阳和鸣的独特意境。更奇者乃"圣灯"景观，石笋峰下随山风流转的荧荧幽光，在残月之夜与银河共舞，构筑起一幅"星落寒池灯照影"的超现实图景。

4. 生态秘境

这座高山古刹孕育着独特的生物群落。顽猴家族在此与人类和谐共处六百余春秋，其攀缘古木的飒飒声与梵呗钟鸣相和，谱写出"猿啸伴经诵"的生态交响。寺周冷杉林海间，生活在箭竹丛中的藏酋猴族群至今仍保持着明清方志记载的乞食传统，使其成为活态文化记忆的承载者。每当月华浸透铅皮屋顶，猴群剪影跃动于禅院粉墙，恰似一幅动态的《洗象池月夜猿戏图》。

5. 人文意境

历代文人于此寻得月相的哲学隐喻。清人顾光旭曾赋诗："云海忽开天眼现，月轮端挂佛头明。"苏轼"把酒问月"的豪情，发酵为"举杯可摘星"的奇幻体验。李白"对影成三人"的孤寂，化作"天地双月伴禅客"的玄思。他们道破了此地月光特有的禅学意蕴——既是普贤智慧之象征，亦是众生心性之镜鉴。

这座集地质奇观、生态秘境、文化地标于一身的云中禅院，以其"月映三重境"（天月、池月、心月）的独特美学，持续吸引着探奇者、修行者与沉思者的到访。当现代缆车将金顶化作了喧闹景点，但洗象池依然保持着古典气质，在峨眉之巅守护着那份遗世独立的东方诗意。

（七）仙峰寺：峨眉山深处的隐世圣境

1. 历史脉络

仙峰寺始建于至元十八年（1281年），初为山间小庵。明代万历年间，别传禅师将其扩建为"仙峰禅林"，后寺庙又因藏有明神宗御赐大藏经而声名远播。明末一场大火曾使其付之一炬，直至清乾隆四十四年（1779年）才由泰安、玉升两位和尚重建，定名"仙峰寺"，并沿用至今。其险峻的地理位置——海拔1725米的山巅，需徒步穿越"九十九道拐"方能抵达，然路途上的"艰辛"反而成就了寺庙"隐世修行"的独特气质，更让原始风貌得以完整保存。

2. 建筑与信仰

（1）核心建筑群

财神殿：供奉道教财神赵公明，是佛道文化在此和谐共生的见证。

大雄殿：佛教核心殿堂，内有释迦牟尼佛金身塑像，肃穆庄严。

舍利殿：珍藏有汉白玉药师佛像与舍利铜塔，锡板铁瓦屋顶，彰显建筑特色。

（2）特色景观

九莲池：清末古池，石栏镌刻百年题记，兼具历史价值与实用功能。

天皇台：六角观景亭台，人居其上可俯瞰阡陌纵横的峨眉平原，相传为轩辕黄帝问道之地。

三峰石：刻有"仙圭"字样的巨石，揭示寺庙得名渊源。

3. 自然秘境

仙峰寺右500米处的石灰岩溶洞"九老洞"，又被称作九老仙府，传为九位上古仙人的居所。洞内财神殿延续着赵公明的修行传说，洞口幽深莫测，与"峨眉十景"之名相得益彰。

珙桐奇观：世界珍稀植物珙桐在此成林，春日花开如白鸽栖枝，被誉为"中国鸽子树"。

灵猴互动：野生猴群栖息地，游客可近距离感受自然野趣。

4. 朝圣之路

游客要想到达仙峰寺，需先经过九十九道拐。那是一道全长22千米的险峻山径，石阶陡峭迂回如"春蚓秋蚓"，清代文豪赵熙曾以诗叹其艰险。这段朝圣之路不仅是体能的考验，更被视作涤荡心灵的修行历程。

隐世之美：因交通隔绝，仙峰寺保留了最纯粹的禅意——云海松涛间，古刹与山川共生，晨钟暮鼓中，历史与自然共鸣。

5. 文化印记

寺庙首殿石柱楹联"寺号仙府，洞临九老；山迎佛顶，台接三皇"，虽仅有寥寥十六字，却道尽仙峰寺"佛道共尊、天人合一"的精神内核。这种文化融合在建筑布局、传说典故中，成为峨眉山集"儒释道一体"的鲜活注解。

仙峰寺如同一部立体的史书：九十九道拐的汗水、九老洞中的传说、珙桐树下的飞花、佛殿道观的檐角……在这里，自然奇景与人文积淀交织，凡尘喧嚣被云海隔断，唯余一颗向禅之心，与天地对话。

二、四大奇观

峨眉山巍峨耸立，其峻峭超越五岳，秀丽冠绝天下，被誉为"天下秀"的典范。作为中国四大佛教名山之一，它享有"普贤者，佛之长子；峨眉者，山之领袖"的崇高赞誉，是旅游度假、休闲养生的理想之地，也是净化心灵、祈福求祥的圣地。

金顶之上的金佛不仅是峨眉山的象征与标志，更是无数游客心中的向往。在游客中流传着这样的说法：未登金顶，便不算真正领略过峨眉山的风采；未拜金佛，则会留下终生遗憾。

在峨眉金顶，有四大天象奇观令人心驰神往：日出的壮丽、云海的浩瀚、佛光的神秘以及圣灯的幽玄。这些奇景无不令人向往不已，渴望一睹其真容。

（一）日出

三千余米的峨眉之巅，云海在晨风中翻涌成浪。当东方天际泛起青白，云涛边缘突然迸出熔金般的流彩，整片苍穹化作鎏金锻造的穹顶。灰云裂帛处渗出琥珀色光浆，渐渐晕染出漫天霞绡。蓦然间，赤乌初现的弧光剖开暗色天幕，恍若神祇执笔在云帷上勾出半枚金环。这弧光在云阵中蜿蜒攀升，终化作浑圆赤玉冲破桎梏——霎时十万金箭穿云裂帛，山峦披上赭红绡衣，云海翻腾起紫金波涛。须臾间天地褪尽残夜，峨眉七十二峰次第显现，宛如众佛沐光而立。此刻晨钟荡过万古虚空，金殿飞檐悬着的铜铃应和着天光流转，令游人恍然惊觉这原是天地间最恢宏的苏醒仪式。

(二) 云海

清晨,流云自岫谷苏醒,携着梵钟余韵漫过十方普贤金像。放眼望去,层层叠叠的云雾如海浪般翻涌,淹没了深谷,漫过了群峰,将整座山脉化作一片浮动的仙境。远处的万佛顶若隐若现,仿佛佛陀静坐云端;近处的十方普贤圣像在雾气中更显庄严,与天地造化浑然一体。若是晨光初现时,云海会被染成金红,霞光穿透云层,犹如佛光普照;待到日上中天,云雾又化作万千白练,轻盈地缠绕着苍翠的山脊,恍若仙人衣袂翩跹(见图6-5)。

图6-5 云海

峨眉山云海不仅是自然的馈赠,更承载着千年的人文禅意。古时僧侣曾在此修行,见云起云灭而悟世事无常;文人墨客也曾登临赋诗,以"云涛卷雪"赞其浩渺无垠。

(三) 佛光

佛光的观赏时段通常为每日上午9时至10时和午后3时至4时。作为峨眉山四大奇景之首,佛光奇观自古驰名寰宇,在佛教文化中素有"光相"圣誉,雅称"金顶祥光",荣列"峨眉山十景",其科学成因是阳光经云雾水滴衍射作用形成的大气光学现象。气象数据显示,佛光年均显现70余次,最佳观赏时段多集中于午后。其中持续时间达两至三小时者称大型佛光,转瞬即逝者则为小型佛光。

在山雨初霁、天宇澄明之际,游客伫立睹光台举目西望,可见自身身影映现于云海之上，七色宝光环绕周身。举手投足间，云中幻影如镜映形；纵使比肩而立，观者亦仅见己身光影，故有"摄身光"之玄妙称谓。

佛光因形制殊异而衍生出诸多雅称：素白无虹者谓之"水光"，恢宏如幕者称"辟支光"，玲珑圆满者号"童子光"，浮光跃金若仙人扬掌者尊为"仙人掌光"，长虹卧波者则美其名曰"金桥"。

此奇观多与云海共生，若云气消散仍现佛光，则称"清现"，堪称绝景。另有"反现"异象——清晨时分佛光显于金顶西侧，此等造化神工尤为罕见。

（四）圣灯

峨眉山金顶的"圣灯"奇观，与佛光并称"峨眉二绝"。每逢月隐之夜，舍身岩下便会浮现出神秘光晕：初时零星的绿色光团渐次升腾，继而汇聚成浩瀚星河，万千光点在夜幕中翩跹流转，并不时编织出瑰丽的网状光幕，演绎出"万盏明灯朝普贤"的奇幻胜景。唐代诗人薛能曾以"莽莽空中稍稍灯，坐看迷浊变清澄。须知火尽烟无益，一夜栏别说问僧"的佳句盛赞其光影的灵动变幻。千百年来，这方灵山圣境以曼妙光影吸引着文人墨客在此留下无数咏叹自然奇观的隽永诗篇。

关于"圣灯"的成因众说纷纭：早期磷火假说因缺乏足量尸骨佐证渐被质疑；萤火虫集群理论虽具诗意，却难以解释寒冬时节的光影现象。当代科学研究揭示，这实为密环菌与宿主树木共生导致的生物发光现象——当环境湿度达90%以上且气温介于15~25℃时，依附于枯木的真菌菌丝体就会在氧化酶催化下，通过荧光素－荧光酶反应释放出波长520nm的翠绿冷光。这种精妙的生物发光机制具有瞬时特性，当湿度降至临界值或温度骤变时，菌丝体会瞬间终止发光代谢。因此，观览者需选择夏秋雨季、雨霁初晴的特定时段，方能有幸邂逅这场自然界的光影盛宴。

三、生态灵猴保护区

作为我国最大的灵长类动物自然栖息地，峨眉山生态猴区纵贯海拔800~2400米的崇山峻岭。科考数据显示，该区域现存6个稳定猴群，总数逾千，尤以中低山带的藏酋猴种群最为灵动可亲。这里云蒸霞蔚，飞瀑悬泉与珙桐竹林相映成趣，完整的亚热带山地生态系统为灵猴提供了得天独厚的生存环境。游人漫步其间，恍入《西游记》笔下的洞天福地，得观自然造化之神秀。

峨眉山藏酋猴①（见图6-6）以其非凡灵性闻名，其不仅能娴熟穿梭于绝壁林梢，更养成了与人和睦共处的独特习性。这些"猴居士"或顽皮讨食，或亲子相携，憨态可掬令人莞尔，俨然成为峨眉山的生态使者。核心保护区位于洪椿坪与清音阁间的一线天峡谷，占地约10平方千米。景区依山就势修建观猴栈道、索桥及休憩平台，既保障人猴安全互动，又最大限度地维护生态原真性。科学观测显示每日晨昏，猴群都会遵循千年形成的活动节律，在首领带领下沿固定路线进行"生态巡游"。科考人员还观察到，这些体重可达30公斤的灵长类（属猕猴科最大物种）具有严格的社会等级制度。

图6-6 峨眉山藏酋猴

截至2023年，保护区内三大家族共300余只藏酋猴，在专业团队的监测下，维持着稳定的种群结构。这种人与野生动物和谐共处的自然模式，为全球生物多样性保护提供了珍贵范本。

---

① 藏酋猴：学名Macaca thibetana，是列入《中国生物多样性红色名录》的近危物种，峨眉山种群具有重要科研价值。

任务三　峨眉山景点导游词示例

一、部分景点导游词示例

（一）报国寺（所选主题：云海仙境中的禅意生活）

各位游客，大家好！

此刻我们所在的位置正是报国寺的第一重殿宇——弥勒殿。请各位注意眼前这尊弥勒塑像，您看这笑口常开、憨态可掬的形象是否让您倍感亲切？但您可能不知道的是，这看似简单的笑容背后，实则蕴含着四种深刻的精神境界。

首先请看弥勒佛标志性的笑颜，这代表着乐观精神。其以豁达的笑容示人，似乎正在提醒我们在任何境遇下都要保持积极心态。当遇到烦心事时，要学会用智慧化解矛盾；即使面临重大困境，也要记得生活中总存美好。这抹永恒的微笑，恰似穿越千年的心灵良药。

接下来请大家注意弥勒佛宽广的胸怀，这正是宽容精神的具象化体现。佛经有云，"大肚能容，容天下难容之事"，教导我们对他人过失要心存宽厚。这种宽容不仅是个人修养的体现，更是感化世人的无声教诲。

再观其自在坐姿，这象征着忍辱精神。面对世人的误解与讥讽，弥勒佛始终泰然处之，以幽默化解戾气。这种超然的处世态度启示我们：真正的强大不在于争辩，而在于保持内心的平和。

最后，请注意佛像微垂的眼睑，这暗含慈悲精神。传说弥勒佛常将化缘所得布施贫苦，宁受嘲讽也不忍众生受苦。这种慈悲不仅是对他人的关怀，更是对自我心灵的滋养。

现在我们将前往大雄宝殿，请大家随我移步。在路上我们不妨细细体悟弥勒佛的四种精神境界：忍辱练就心境，宽容拓展格局，慈悲滋养灵魂，乐观照亮前程。这些智慧不仅属于佛门修行者，更是我们每个人都能从中受益的人生哲学。愿弥勒佛的笑容能常驻各位心间，让我们以更开阔的胸怀去感受接下来的文化之旅。

（二）万年寺（所选主题：自然与文化的和谐共生）

游客朋友们，大家好！

欢迎来到世界文化与自然双遗产地——峨眉山！此刻我们驻足之处，正是有着 1600 年历史的佛教圣地万年寺。这座海拔 1020 米的古刹，堪称峨眉山六大古寺之祖庭。现在请大家随我穿过时空长廊，感受它的千年文脉留给我们的历史余韵。

东晋隆安年间（397—402 年），此处初现"普贤寺"的晨钟暮鼓。唐僖宗光启三年（887 年），慧通禅师重建寺院，因寺前白水如练，遂又将其命名为"白水寺"。北宋太平兴国年间（976—984 年），御赐"白水普贤寺"金匾高悬。明万历二十八年（1600 年），神宗皇帝亲题"圣寿万年寺"九龙匾额悬于殿上，"万年寺"由此定名至今。寺内无梁砖殿、普贤铜像等皆为国家级文物，待会我们可以细细品鉴。

下面大家请看眼前这方白水池——峨眉民谚中有这样几句话："山猴能抵肥猪价，蚯蚓可作裤腰带，弹琴蛙会诉衷肠。"（引导游客击掌）听！这清越的"叮咚"声是否宛若瑶琴？这正是峨眉山独有的弹琴蛙在唱和。此池不仅倒映过二十四代高僧的身影，更见证过诗仙与琴僧的旷世知音。

唐开元十二年（724 年）秋，李白杖策游峨眉，下榻毗卢殿月余。每日黄昏，他与广濬禅师在此池畔论道听琴。请看池东碑亭，"大唐李白听琴处"七字犹带盛唐风韵。诗仙在此孕育了传世双璧：《峨眉山月歌》中"影入平羌江水流"的缱绻，与《听蜀僧濬弹琴》中"如听万壑松"的磅礴，皆诞生于这方山水之间。遥想当年，我们琴声穿松渡壑，与蛙鸣泉响共谱天籁，而今虽绿绮琴①杳，但每至月夜，我们依旧能感受到那"余响入霜钟"的意境。

此刻清风过耳，松涛隐隐，大家是否体会到了王摩诘②"空山松子落"的幽寂？这座千年古刹的灵秀，不仅在飞檐斗拱间，更在这"一池纳云天，万壑松风来"的天地大观中。让我们暂敛尘心，循着李白的足迹，去触摸砖殿铜像的千年温度，聆听晨钟暮鼓中的禅意人生。

请注意脚下台阶，我们即将进入的无梁砖殿，藏着峨眉山最珍贵的普贤菩

---

① 绿绮琴：相传为汉代司马相如所藏的一张传世名琴。晋代傅玄《琴赋序》载："楚王有琴曰绕梁，司马相如有绿绮，蔡邕有焦尾，皆名器也。"绿绮琴之名源于其琴身装饰的绿色绮纹（丝织纹饰），以华美音色著称。司马相如曾用此琴弹奏《凤求凰》，打动卓文君，成就"琴挑文君"的典故。

② 〔唐〕王摩诘（701—761）：王维，字摩诘，号摩诘居士。唐朝诗人，因其诗歌与佛教思想关系密切，又被称为"诗佛"。

萨骑象金身，让我们共同开启这段禅意之旅……

（三）金顶（所选主题：心灵之旅的起点）

各位游客，大家好！

欢迎莅临"震旦第一山"——峨眉山。这座矗立于四川盆地西南部的灵秀之山，自古便享有"峨眉天下秀"的美誉。而正如古人所言："如未登金顶，此行终有憾。"金顶不仅是峨眉山的巅峰所在，更是其灵魂的象征。

金顶四大奇观中，"佛光"堪称自然界的旷世杰作。这被古人称为"金顶祥光"的奇景，位列峨眉十景之首，为这座佛教圣山增添了神秘色彩。每当雨雾初晴的午后，舍身岩下云涛翻涌、斜阳穿透云层之际，七色光轮便会如约而至。奇妙的是，即便千百人共赏此景，每位观者也都只能看见自己的身影镶嵌在光轮之中，恍若天地独照，古人谓之"摄身光"，科学界则赋予它一个诗意的名字——峨眉宝光。

峨眉宝光每月可见，其中又尤以夏冬两季最为频繁。从科学视角解读，其实为阳光与云雾的共舞：日光穿透表层云海，与深层水珠或冰晶相遇，经过反射、衍射的多重作用，最终织就这顶流动的七彩冠冕。而"唯见己身"的奥秘，源于光锥视角的精密限定——仅7度的狭小夹角，恰如量身定制的光学滤镜，让每位观者都成为这天地剧场的主角。

更耐人寻味的是，这看似神秘的现象实则蕴含着深刻的自然法则：云海中每个水滴都是独立的光学镜片，观者每移动一步，都在重构全新的光影剧场。因此，当我们惊叹于光环中的"独影奇观"时，实际上也正在见证微观物理与宏观天地的精妙共鸣。

千百年来，佛光既是僧侣修行的明镜，也是科学家探索的谜题。当现代光学原理揭开其神秘面纱，我们反而更能体会其中的哲学深意：自然界的奇迹与人类认知的边界永远在相互启迪。正如峨眉山融汇着佛道智慧与自然伟力一样，这瞬息万变的光轮，既是大地的诗篇，也是观者心灵的倒影。

此刻驻足金顶的您，或许正是那万中无一的机缘者。当云开光现之时，愿这穿越千年的祥瑞之光，不仅能映入您的眼帘，更能照进您的心田。

（四）洪椿坪（所选主题：自然与文化的和谐共生）

各位游客，现在我们抵达的是被誉为"峨眉仙境"的洪椿坪。这里海拔1120米，被全球植物学界视为亚热带常绿阔叶林的活体标本库。环顾四周，您会看到黄心、夜合、黑壳楠等珍稀树种构成的原始森林群落，其复杂的层状结构呈现出独特的热带雨林特征，是研究亚热带生态系统的天然样本。

请看这株巍然矗立的洪椿古树，它正是此地得名的渊源。《庄子·逍遥游》中记载："上古有大椿者，以八千岁为春，八千岁为秋。"这虽为文学化的表述，但经专家考证，这株"树神"确实已历经千年沧桑。各位不妨与这位"千岁寿星"合影留念，将福寿安康的美好寓意带回家中。

古树后方掩映着始建于明万历年间（1573—1620年）的洪椿坪古寺。这座原名"千佛庵"的禅林，在明末重修后因山而更名，逐渐成为峨眉佛教文化的重要地标。寺中藏有三重文化瑰宝：一是典藏丰富的佛教文物，二是发人深省的哲理楹联，三是冠绝峨眉的"洪椿晓雨"（见图6-7）奇观。

图6-7　洪椿晓雨

步入寺院，那些镌刻在廊柱间的智慧箴言值得细细品读："一粒米中藏世界，半边锅内煮乾坤"道出佛家宇宙观，"处己何妨真面目，待人总要大肚皮"蕴含处世哲学。最令人驻足关注的是观音殿前1921年冯庆樾撰写的双百字长联，上联"峨眉画不成……"以工笔描摹山水灵秀，下联"洪椿开寿域……"则追忆古德禅风，堪称文学与佛理交融的典范。

此刻您看到的"洪椿晓雨"题刻，记载着位列峨眉十景之一的独特景观。因群山环抱、林密谷深，这里终年水汽氤氲。每当晨曦初露，夜露遇冷化作万千微霰，形成"沾衣不湿，拂面生凉"的灵雨奇观。这天然的负氧离子浴场，既能涤去旅途疲惫，又可濯净尘世烦忧。大家不妨静立片刻，感受这"晓雨润客衣，梵钟涤尘心"的禅意。

（五）洗象池（所选主题：灵感与创作的源泉）

各位游客朋友，现在我们来到的正是被诗仙李白盛赞的洗象池。关于这座古刹的命名，藏着一段饶有趣味的历史渊源。它最初名为"初喜亭"，寓意香客朝圣至此，以为临近金顶而心生欢喜，实则前方仍有险峻山道，故民间戏称"错欢喜"。不过李白当年在此的欣喜却是发自肺腑——这就要从"象池月夜"的绝景说起了。

请大家细看这方天宇澄明之境：云海浮沉于脚下，每当皓月当空，银辉浸染池台，游人恍若置身广寒仙境。李白正是在此灵思泉涌，吟出传世名句："峨眉山月半轮秋，影入平羌江水流。夜发清溪向三峡，思君不见下渝州。"这般如梦似幻的月夜奇观，使"象池月夜"荣列峨眉十景。

您是否发现了古刹暗藏的玄机？当月光倾泻时，整个寺院恰似侧卧巨象：大殿为饱满前额，东西厢房若垂垂双耳，而半月台下的钻天坡石阶，正似悠然长鼻——不知是巧合天成，还是先贤匠心独运？

关于"初喜亭"名称由来，主要有两种说法：其一取自地理特征，游人登山至此，历尽险途始见平缓，故称"初欢喜"，继而发现前路依然崎岖，遂称"错欢喜"；其二源于方言演变，"初"与"错"在蜀地方言中存在音转现象，故由"初"讹为"错"。至清康熙三十八年（1699年），行能大师扩建初喜庵为天花禅院，因寺前明月池相传为普贤菩萨洗象圣迹，终将其定名为"洗象池"。

温馨提示各位朋友，今夜若得闲情，不妨来此体味"水天一色"的月华盛景。不过可莫效仿诗仙"举杯邀明月"的雅兴——佛门清净之地，还望共同维护。

现在，让我们走进这座见证千年风月的禅院，开启下一段文化探秘之旅。

（六）洗象池（所选主题：自然与文化的和谐共生）

各位游客朋友，大家好！

此刻我们所在的洗象池，堪称峨眉山最富诗意的明珠。关于其名称由来有两个动人传说：一说普贤菩萨骑象朝山时，曾在此汲清泉濯洗白象；另一说整个建筑群形如巨象，两侧厢房若舒展象耳，前方长坡似垂鼻汲水，大家看是不是很像呢？虽然洗象池的命名真相已不可考，但这份神秘恰为这一胜迹增添了更多想象空间。

洗象池以其"象池夜月"的绝景为人称道，那么，为何"象池夜月"能冠绝蜀中？且听我细细道来。在海拔 2070 米的云海之上，这方不足 3 平方米的清池竟能映照月升月落、阴晴圆缺，实属造化奇迹。当空悬玉镜，碧池浮银辉，天地双月遥相辉映，令无数游子在此望月怀远。这般诗境，使洗象池成为 60 千米朝山道上最牵动情思的驿站。

更妙的在于：此地云雾最解风情——其既不掩清辉，反以轻纱薄绡为月色添韵。从摄影美学而言，无论仰拍冷杉枝头挂月，还是俯摄池中碎玉流银，抑或捕捉云月相逐之趣，皆成绝佳取景视角。其观月位置更是得天独厚：平台三面翠嶂环抱，一面云海铺陈，既得金顶之开阔，又兼幽谷之深邃。较之他处，高则失之孤寒，低则蔽于林荫，唯此间方得中和之美。最有趣者在于赏月时有灵猴相伴。这些山间精灵或坐观池月，或枝头弄影，平添野趣。而冷杉枝丫托起的明月，较之西湖柳梢的婉约，更显苍劲之美。当年陆游策杖观此皓月，挥毫写下"露华清八极，灏气入三更"①；谭钟岳夜宿禅院，绘就《象池夜月图》传世；苏东坡虽未亲临，然其"明月几时有"的绝唱却与此景浑然天成。千年文脉浸润，使这轮明月早已超越自然景观，升华为承载着东方美学精神的文化意象。

现在，让我们循着古人的足迹，共赏这"云破月来池弄影"的绝色吧！

（七）清音阁（所选主题：人与自然和谐相处的范本）

各位游客朋友，大家好！

夏日的峨眉山宛如一幅流动的水墨画卷，这里不仅是避暑胜地，更是洗涤心灵的天然氧吧。当季风掠过苍翠的林海，山涧清泉便应和着鸟语蝉鸣，奏响了一曲大自然的交响乐。而在众多胜景之中，最令人魂牵梦萦的当数清音阁——这座被山水环抱的禅意之境。

请看前方：清音平湖正如一块碧玉镶嵌于群峰之间。微风过处，湖面漾起层层银鳞，恍若仙人信手拨动的古琴弦。沿着木质栈道徐行，您会感受到湿润的水汽轻抚面颊，连呼吸都变得清冽甘甜。转身望去，更有"双桥清音"的奇观：黑白二水自峡谷奔涌而来，在牛心石前激荡相拥，时而如太极相生相克，时而似知音琴瑟和鸣，千百年来演绎着"山水有清音，何必丝与竹"的天地绝唱。

若说流水是清音阁的魂魄，那么山中精灵便是这里的点睛之笔。（指向指

---

① 陆游：《剑南诗稿》卷 33，中华书局点校本《陆游集》第 3 册，1976 年，第 848 页。

图6-8 峨眉山藏酋猴

示牌）前方生态猴区生活着数十只藏酋猴（见图6-8），这些灵性十足的小家伙或攀缘古树，或临溪濯足，它们既是自然之子，也是佛国信使。不过要提醒大家，与猴群互动时请收好随身物品，保持适当距离——毕竟，我们可是在它们的家园做客呢。

此刻，不妨驻足聆听：飞泉击石的泠泠清响，是否让您想起"清泉石上流"的诗意？河滩上叠放的玛尼堆，正将游人的祈愿随溪水送往远方。当林间光影在您肩头流转，古刹钟声穿透云雾而来，这方山水便悄然完成了对心灵的叩击。

接下来的40分钟是自由活动时间，大家可以沿步道深度探访这片秘境。无论是掬一捧沁凉山泉，还是在听涛亭静观云起，相信清音阁都会赠予您独特的禅意体验。最后温馨提示：我们将在11点整于生态猴区观景台集合，请大家注意时间，安全游览。

二、课后任务

请大家阅读以下导游词主题内容。

（一）峨眉山导游词可选主题

1. 自然与文化的和谐共生

立意概述：峨眉山中不仅有壮丽的自然景观，如金顶、万年寺等，更蕴藏着深厚的佛教文化。古刹、石刻、壁画，每一座寺庙、每一块灵石都是历史的痕迹，让人在领略自然之美的同时，也能感受到文化的底蕴和传承的意义。

2. 心灵之旅的起点

立意概述：无数追求内心平静与自我探索的旅行者都会选择来到峨眉山。当古刹钟声穿越千年岁月，云雾缭绕间仿佛能洗净尘世烦恼，每一步登山之路都是与心灵的深刻对话。金顶日出不仅是自然奇观，更是心灵觉醒的象征，让每一位到访者都能在壮丽景色中找寻到内心的宁静与力量。

3. 云海仙境中的禅意生活

立意概述：幽深的山谷、缭绕的云雾仿佛是大自然亲笔绘就的一幅水墨画卷，让人的心灵得到彻底的净化。山中众多古刹与自然景观相映成趣，每一处都透露出浓厚的文化底蕴和宁静致远的生活哲学。

4. 历史与现代的交汇点

立意概述：深厚的文化底蕴与现代科技在峨眉山得到完美融合。古老的寺庙和现代设施并存，传统工艺与科技创新相互辉映，让游客在领略自然美景的同时，也能感受到时代变迁的魅力。

5. 生态多样性宝库的探索

立意概述：峨眉山吸引了无数自然爱好者和科学家前来探访。这里不仅拥有独特的地质结构，还栖息着众多珍稀动植物物种。游客在此可以体验原始森林的神秘、与猴群一同嬉戏、与鸟雀一起共舞，同时深入了解生态保护的重要性。

6. 人与自然和谐相处的范本

立意概述：峨眉山古木参天，猴群嬉戏，清泉潺潺，云雾缭绕，仿佛人间仙境。游人置身其中，不仅能感受到大自然的鬼斧神工，更能体会到人与自然和谐共生的智慧与哲学。

7. 灵感与创作的源泉

立意概述：无数文人墨客在峨眉山留下了许多传世之作。无论是李白的《峨眉山月歌》，还是贾岛的《送僧归蜀》，都生动描绘了这座神山的自然美景和人文情怀，成为后人瞻仰与学习的榜样。

（二）参考以上导游词主题完成课后任务。

（1）请写一篇峨眉山的景点导游词。
（2）选择峨眉山任意景点进行模拟导游训练。

项目七 都江堰

任务一 都江堰景区

一、都江堰景区概况

都江堰（见图7-1）于2000年荣获联合国教科文组织颁发的"世界文化遗产"称号，也是四川大熊猫栖息地的组成部分，被认定为世界自然遗产。此外，都江堰还是全国重点文物保护单位、国家级风景名胜区，享有国家5A级旅游景区的美誉。

图7-1 都江堰

都江堰，这座伟大的古代水利工程，坐落于四川省成都市都江堰市城西，位于成都平原西部的岷江之上，犹如一颗璀璨的明珠，在古代水利建设史上熠熠生辉。它是全世界范围内迄今为止年代最为久远且唯一留存下来的无坝引水水利工程。都江堰以灌溉为主要功能，同时兼具防洪与航运等多重功能，其建彰显出古代中国人民的智慧与勤劳。

始建于公元前 256 年的秦昭襄王时期的都江堰水利工程距今 2280 余年。它由蜀郡太守李冰①父子在前人鳖灵开凿的基础上组织修建而成,建成时间大约在秦昭王末年（公元前 256 年—前 251 年）。得益于都江堰的灌溉,成都平原成了水旱无忧、土地肥沃的"天府之国",其灌区现已覆盖 30 多个县市,面积接近千万亩。都江堰不仅是全世界迄今为止年代最久远、唯一留存且仍在使用的无坝引水水利工程,更是中国古代劳动人民智慧与勤劳的结晶。这项工程包括鱼嘴、飞沙堰和宝瓶口三个主要组成部分。鱼嘴,作为江心分水堤坝,巧妙地将岷江一分为二,外江负责泄洪,内江则承担灌溉重任。飞沙堰则兼具泄洪、排沙及水量调节的功能。而宝瓶口,因其形似瓶颈,能够精准控制内江水流,引导水源灌溉川西平原的农田。被玉垒山截断的山丘部分,人们称之为"离堆"。

　　都江堰的建成,使得成都平原焕发生机,实现了"水旱从人,不知饥馑,沃野千里"②的天府盛景,极大地推动了四川的经济文化发展,惠及无数民众。时至今日,都江堰依旧发挥着防洪灌溉的效能。

　　都江堰风景区,融合了自然风光与人文历史,主要景点包括伏龙观、二王庙、安澜索桥、玉垒关、离堆公园、玉垒山公园、玉女峰、灵岩寺、普照寺、翠月湖以及核心的都江堰水利工程,每一处都承载着深厚的历史底蕴与浓厚的自然之美。

二、景区历史

　　在秦代,当蜀郡太守李冰初建此堰时,将它命名为"湔堋"。这一名称的由来,与周边的地理及人文环境紧密相关。紧邻都江堰的玉垒山,在秦汉之前的名称为"湔山"。而居住于都江堰周边的主要民族为氐羌族,他们习惯将堰称为"堋"。因此,都江堰便得名为"湔堋"。③

---

①〔战国〕李冰（约公元前 302—前 235）,号称陆海,河东解梁（今山西省运城市盐湖区解州镇郊斜村）人,战国时代著名的水利工程专家。公元前 256—前 251 年被秦昭王任为蜀郡（今成都一带）太守。

② 中国水利史典编委会编:《中国水利史典　长江卷一》,中国水利水电出版社,2015 年,第 96 页。

③ 参见中国水利史典编委会编:《中国水利史典　长江卷一》,中国水利水电出版社,2015 年,第 95 页。

三、建造背景

岷江，作为长江上游一条较为显著的支流，其源头位于四川省北部的崇山峻岭之中。春夏季节，山洪频繁且猛烈，岷江水汹涌奔腾，流经灌县后涌入成都平原。由于河道在此变得狭窄，历史上常常引发严重的洪涝灾害。而当洪水退去，留下的则是广袤无垠的沙石地带。此外，位于灌县岷江东侧的玉垒山，阻碍了江水的自然东流，进一步加剧了这一区域东旱西涝的问题。

战国末期，秦国致力于强化国力以统一中国，其中一项重要举措便是大兴水利，促进农业发展。蜀郡太守李冰观察到，蜀地地形四周高峻，中部低洼形成盆地，这对农业发展构成了挑战，农田的灌溉与排水问题尤为严重。岷江水自西面的岷山奔腾而下，至灌县时水流湍急，但进入成都平原后，因地势趋于平坦，导致泥沙大量淤积，河床不断抬高，时常引发洪涝灾害。此外，玉垒山的存在阻断了江水东流，严重影响了东部的农业生产。因此，李冰决定采取两项关键措施：一是开凿玉垒山，实现分洪；二是在江中筑堤分流，引导江水向东流动。这两项举措既缓解了西部的洪水问题，又灌溉了东部的大片农田，促进了农业生产，在有效抵御自然灾害的同时，又合理利用了水资源，为百姓带来了福祉。

为了实施这一宏伟计划，李冰动员了庞大的劳动力队伍，共计数十万民工齐心协力，开山劈石，修建堤堰，开凿水渠。经过数年的不懈努力与辛勤劳动，终于在中国历史上留下了赫赫有名的都江堰水利工程。

都江堰水利工程的建成，使得成都平原变成了肥沃广袤、物产丰富的天府之国。直至今日，这一古老而伟大的工程仍然持续发挥着重要作用，得到世人的高度肯定，并被誉为"活的水利博物馆"。

四、建筑智慧

都江堰水利工程，作为一项宏伟的杰作，精妙地利用了当地西北高东南低的地理优势，以及江河出山口的独特地形、水流特性，采取顺应自然、无坝引水的策略，实现了自流灌溉，构建了一个集堤防、分水、泄洪、排沙、流量控制于一体的综合体系，确保了防洪、灌溉、航运及社会用水的多重效益。

自都江堰竣工以来，成都平原变得土壤肥沃、广袤无垠，实现了"水旱从人，民无饥馑"。四川的经济与文化因此得到了显著的发展。更令人称奇的是，都江堰历经两千余载而不衰，其效益反而日益显著。它的创建，基于对自然资源的尊重与合理利用，变水患为水利，福泽万代。

五、地形地貌

都江堰的地势特征为西北高、东南低。其西部坐落在龙门山南段的四川盆地边缘地带，这里分布着一系列从东北向西南延伸的山地，这些山地虽地势高，但山峰的海拔高度均未超过 3000 米。东部则是平坦开阔的成都平原，地势较为低缓，海拔高度大多在 720 米以下。

六、气候

都江堰市位于中亚热带季风湿润气候区域，其年平均气温稳定在 15.2℃，年降水量接近 1200 毫米，且年均无霜期长达 280 天。此地四季更迭清晰，夏日并无极端高温，即便在最热的 7 月和 8 月，平均气温也仅维持在 24℃ 左右，而平均最高气温也不过 28℃。冬季则温暖而不严寒，1 月份的平均气温保持在 4.6℃，而平均最低气温也仅在 1℃ 左右。

七、治水经验

（一）六字诀

六字诀，即"深淘滩，低作堰"[①] 六字。

"深淘滩"这一术语，特指对内江凤栖窝下游的一段河床进行年度清淤作业，清淤的深度需以河床中预先埋设的"卧铁"为标准。之所以要进行深度清淤，是为了确保内江河床维持一定的深度标准。若不进行足够的清淤，那么在次年的春耕用水高峰期，即便水位相同，宝瓶口的进水流量也会不足，无法满足农田灌溉的需求，故有"深淘一寸，得水一寸；深淘一尺，得水一尺"的说法。此外，若清淤深度不够，还会导致汛期水位上涨，增加飞沙堰的泄洪压力，进而可能冲垮飞沙堰，最终影响到成都平原的灌溉水源供应。

---

① 中国水利史典编委会编：《中国水利史典 长江卷一》，中国水利水电出版社，2015 年，第 97 页。

"低作堰",是指飞沙堰的构建高度不宜过高,通常仅需比坝前的河底高出大约两米。因为如果堤堰筑得过高,那么在秋季洪水泛滥时,就可能会对农作物造成损害,同时也会削弱飞沙堰在洪水期间排洪和排沙的功能。

(二) 三字经

在清同治十三年(1874年),灌县的知县胡圻[①]将历史上积累的都江堰治水智慧整理归纳,编写成了易于传诵的治水"三字经",并将其镌刻在了二王庙的石壁之上,以便后世学习和传承。该"三字经"的具体内容为:

六字传,千秋鉴。挖河心,堆堤岸。分四六,平潦旱。水画符,铁桩见。笼编密,石装建。砌鱼嘴,安羊圈。立湃缺,留漏罐。遵旧制,复古堰。

清光绪十三年(1887年),叙州府知府文焕[②]将"三字经"略作修改后刊刻于二王庙内。

(三) 新三字经

1978年,中共四川省委主要领导对都江堰的治理工作给出了重要指示,同时,温江地区也相应提出了宝贵意见。基于这些上级的指导与建议,都江堰管理处积极行动起来,组织了金马河沿岸各县的技术专家,再次对河道进行了全面且细致的规划。在这次规划中,他们深入总结了自新中国成立以来,在治理都江堰排洪河道以及各灌溉干渠过程中积累的宝贵经验与教训,并在此基础上,创新性地提出了"新三字经"的治水理念。该"新三字经"的具体内容为:

深淘滩,高筑岸;疏与堵,要全面。险工段,双防线;前有失,后不乱。堤夯实,坡改缓;基挖够,漕填满。石砌牢,脚放坦;勤养护,常看管。[③]

这一"新三字经"是针对当前都江堰排洪河道及各输水河道的治理工作所提出的指导原则。它对于进一步提升工程效能,确保防洪安全无忧,有效保护农田免受水患侵袭,以及促进农业生产的发展,都具有极其重要的现实意义和

---

① 〔清〕胡圻(生卒年不详),字若川,山阴(今浙江绍兴)人,四川灌县知县。
② 〔清〕文焕(1857—1909),湖北荆州驻防满洲镶黄旗人后代。
③ 四川省地方志编纂委员会编纂:《都江堰志》,成都:四川辞书出版社,1993年,第530页。

实践价值。

(四) 八字格言

在清光绪元年（1875 年），代理水利同知胡均①亲自题写了"遇弯截角，逢正抽心"这八个字，并将其镌刻在了二王庙的山门之上。这八个字精练地概括了古人治理都江堰的关键，即便到了今天，这些原则依然适用于河道的整治工作。

任务二　都江堰景点介绍

一、主体工程（水利工程）

都江堰水利工程巧妙地利用了当地西北高东南低的自然地形，结合江河出山口的独特地貌、水流特性，采取顺应自然流向的方式，无需筑坝即可引水，实现自流灌溉。这一工程通过堤防、分水、泄洪、排沙、控流等功能的相互依存与协同作用，构建了一个综合性的水利体系，确保了防洪、灌溉、水运及社会生活用水各项功能得到全面发挥。

都江堰的精髓在于鱼嘴、飞沙堰、宝瓶口这三大核心工程的精妙配合与制约平衡。它们协同工作，既引水灌溉农田，又分洪减轻灾害，实现了"分四六，平涝旱"的卓越功能。

鱼嘴，是修筑于岷江中心的分水堤坝，宛如一条大鱼横卧江面，将岷江一分为二，内江专供灌溉，外江则承担排洪重任。

飞沙堰，作为分水堤坝中段的泄洪通道，在洪水期间不仅有效排泄洪水，还巧妙地利用水流漩涡，减少了宝瓶口前后的泥沙淤积问题。

宝瓶口，作为内江的进水口，其形状犹如瓶颈，既起到了引水的作用，又能精准控制进水量，确保水利工程的稳定运行。

(一) 岷江鱼嘴分水工程

鱼嘴分水堤（见图 7-2），位于岷江出山口约 1950 米处的江心位置，其

---

① 〔清〕胡均（生卒年不详），字鼎臣，陕西平利县城人。

形态宛如一弯新月，前端扁平地探入水中，形似鱼嘴，因此得名。它是都江堰水利枢纽不可或缺的关键部分。该分水堤矗立于渠首的最前端，勇敢地迎接岷江的汹涌波涛，并将江水一分为二，形成了内外两江。外江保留了自然的河道特征，主要承担着雨季时大量洪水的排泄任务。而内江则是经由李冰及其团队精心开凿的人工河道，将江水源源不断地输送到成都平原，滋养着这片土地，展现出了其独特的"四六分水"和"二八排沙"的神奇功能。

图 7-2　鱼嘴分水堤

（二）飞沙堰溢洪排沙工程

飞沙堰溢洪道巧妙地设置在鱼嘴分水堤的尾部与人字堤之间，其堰口宽度达到 240 米，沿溢洪方向延伸的长度为 120 米。飞沙堰坝顶的平均海拔为 728.25 米。作为都江堰水利工程的关键构成部分，飞沙堰泄洪道在水利调控中发挥着至关重要的作用。

飞沙堰溢洪道的功能主要体现在三个方面：首先，在枯水季节，它能够引导水流进入堰内，确保灌溉区域有足够的水资源。其次，在丰水季节，飞沙堰负责排泄内江中多余的水量，且随着内江流量的增加，其泄洪能力也相应增强。最后，飞沙堰还承担着排沙的任务。经过鱼嘴分水后，岷江携带的大量沙石被导向外江，而在飞沙堰对面的凤栖窝弯道处，依赖弯道的水流特性，多余的沙石得以通过飞沙堰排出，最终进入宝瓶口的沙石仅占岷江沙石总量的约 8%。

（三）宝瓶口引水工程

李冰依据水流动力与地形特征，在坡度平缓之处，开凿了一个底部宽度为 17 米的楔形通道，即宝瓶口（见图 7-3）。在枯水季节，这个峡口的宽度为 19

米，而到了丰水季节，则会扩展至 23 米宽。宝瓶口作为内江进水的关键通道，是实现内江"水旱从人"调控目标的核心水利设施。此外，宝瓶口周围的自然景观壮丽非凡，素有"离堆锁峡"之美誉，历史上被列为"灌阳十景"之一。

图 7-3　宝瓶口

宝瓶口与飞沙堰协同工作，共同发挥着调节水流量的关键作用，尤其是实现了对内江进水量的精准控制。内江的水流经由宝瓶口顺畅地流入，滋养着成都平原上广阔的农田。当洪水来临时，内江的水位会上升并超过飞沙堰的高度，此时，多余的洪水便会自然流向外江，同时，宝瓶口对水流的有效约束也进一步增强了防洪效果。进入宝瓶口后的内江水流，顺着西北高东南低的地势，沿着众多大小不一的引水渠分流，构建起一套自流灌溉系统。这一系统覆盖了成都平原上的上千万亩农田，为农业生产提供了稳定的水源。

二、其他景点

（一）二王庙

坐落于岷江右岸山坡之上的二王庙，其位置紧邻都江堰。起初，这座庙宇是作为古代蜀王望帝的纪念祠堂而建的。然而，在齐建武年间（494—498年），其祭祀对象改为了李冰父子，"望帝祠"因此更名为"崇德祠"。进入宋代后，李冰父子相继得到了皇帝的册封，被尊称为王。自此以后，这座庙宇便被人们亲切地称为"二王庙"。

二王庙内不仅供奉着李冰父子的雕像，还收藏着治水箴言及历代诗人的碑刻作品。这座建筑群位于都江堰渠首的东岸，规模庞大，布局条理清晰，环境静谧雅致，巧妙地将庙宇与园林融为一体，成为一处知名的风景名胜。整个景区占地面积约5万平方米，其中核心建筑面积约为1万平方米。二王庙巧妙分出东苑与西苑两大区域，东苑主打园林风光，西苑则以殿宇建筑为主。全庙采用木穿斗结构建造，巧妙地依据自然地形与地理环境，依山而建，不拘泥于传统的中轴对称建筑风格，展现出独特的韵味。

自正山门乐楼起，二王庙展现出三重主殿与十六重配殿的壮阔规模。庙宇前端，悬挂着清末绘制的都江堰灌区流域图，以及颂扬李冰父子的众多匾额、对联与碑刻。步入中部，可见"深淘滩，低作堰"这一李冰治水的六字诀石刻。深入后部，则是李冰殿与二郎殿。

二王庙建筑群最为鲜明的特色，在于其摒弃了中轴对称的传统布局，完全顺应自然地形，上下叠落，错落交织，建筑高度差达50米左右，营造出庙台层叠、曲廊环绕的独特风貌。自下而上仰望，每层皆有建筑相迎；自上而下俯瞰，则见重重殿宇，布局精巧。

庙宇入口为一东西向长方形院落，与岷江河道同向，亦是松茂古道的一部分。临江一侧，曾有疏江亭及小筑三楹、照壁小舍，虽疏江亭已毁，但整面围墙上的都江堰灌区图仍诉说着往昔的故事。台上乐楼，重檐歇山，气势恢宏；两侧配殿，青龙殿居东，白虎殿在西，相映成趣。拾级而上，三官殿与观澜亭映入眼帘，游人至此，常驻足仰望。台阶两侧，镶嵌着历代治水格言，既添景致，又具科普价值。

继续前行，左转登阶数十级，可达灵官殿前侧，其北侧镌刻"乘势利导，因时制宜"八字，既揭示了都江堰的修建原理，也契合了二王庙的营造智慧。这些治水格言，不仅构成一景，更成为向游人传递治水知识的重要媒介。早在战国时期，它们就被镌刻于都江堰旁的山岩之上，世代指引着百姓保护与维修这一伟大工程。

自灵官殿右转，便步入主景区李冰殿前。主殿由李冰殿与二郎殿前后相连，屋檐之上，治水名言琳琅满目。二郎殿对面，有戏台一座，每逢李冰诞辰，都会在此演出。院落西北，空间开阔，西侧本为娘娘殿，后改为堰功祠，用于祭祀都江堰的功臣先贤。再向西北，石级蜿蜒，直达圣母殿。穿越飞楼，老君殿等建筑映入眼帘，此乃二王庙之巅，居高望远，既可俯瞰重重庙宇，又可远眺滔滔的岷江与都江堰旁的连绵山峦，实为观景之绝佳处。

1. 建筑特色

二王庙建筑群依山而建，坡度恰到好处，直面浩荡岷江，正对都江堰渠首工程，享有得天独厚的风景视野。它与周围的古木苍林和谐共生，仿佛隐匿于自然怀抱之中。在这里,人工建筑与自然环境完美交融,共同演绎着"天人合一"的至高境界。

2. 治水六字诀

三官殿的墙壁上,镌刻着李冰流传千古的治水六字诀——"深淘滩,低作堰"(见图7-4)。而在其旁嵌刻的治水八字格言与治水三字经,也无一不在提醒着后人,需铭记李冰的教诲,时刻保持警惕,防患于未然。

图7-4 治水六字诀

(1) 深淘滩

"深淘滩"指在每年进行岁修时,对河床的淘沙工作需精确控制其深度。若淘得过深,则宝瓶口进水过多,可能导致涝灾;反之,若淘得过浅,宝瓶口进水不足,灌溉需求便难以满足。据传,为确保淘沙深度适中,李冰曾在河床下埋设石马作为标记。自明代起,这一标记被改为埋置卧铁。

(2) 低作堰

"低作堰"指飞沙堰在建造时,其堰顶设计需保持较低,以便有效地排洪和排沙,从而实现引水灌田、分洪减灾的双重功效。应避免采取提高堰顶以在枯水期增加宝瓶口进水量的做法,因为这种急功近利的策略会在洪水季节导致严重的淤积问题,最终可能使整个水利工程逐渐失效。

3. 传说轶事

(1) 二郎腿

在都江堰的二王庙内,二郎神的塑像起初呈现的是跷着二郎腿的姿态。或许在常人眼中,二郎腿显得不够正式,但为何古人会将神像塑造成这样呢?其实,这背后蕴含了对李二郎治水功绩的巧妙颂扬。

相传大禹在治水期间,因全身心投入,曾三次路过家门而不入,长时间的劳作使他患上偏枯之症,一条腿完全僵硬。为了表达对大禹治水精神的敬仰,并象征性地将李二郎与大禹相提并论,人们特意将二郎神的塑像塑造成右腿搭在左腿上的姿态,以此模仿大禹的形象。而这种独特的坐姿,后来也被人们称为"二郎腿"。

(2)封神之路

尽管民间很早便将李二郎尊为二郎神,但其名号直至唐代才正式见于文献记载。唐代崔令钦[①]所著的《教坊记》,不仅记录了唐开元年间教坊的运作制度、艺人的趣闻轶事,还列出了三百二十四个教坊曲名,其中"二郎神"作为一曲,被列入《北门西》《煮羊头》《河渎神》。

北宋开宝七年(974年),朝廷将李冰由五字王号改封为三字"广济王"[②],而其子则失去了王号。鉴于二郎神在蜀地民间的广泛流行,朝廷才终于顺应蜀地民众的连续请求,将以李冰次子为原型的二郎神纳入官方祭祀体系。因此可以说,直到北宋仁宗时期,二郎神的信仰才开始得到朝廷的正式承认。

随着蜀地与外界交流的日益频繁,二郎神的信仰逐渐超越了地域限制,传播开来。尽管在南宋时期,二郎神的封号由"真人"恢复为"王",但在民间诗歌、文学作品中,仍常见将二郎神称为"清源真君"的表达,这一称呼在南宋百姓间尤为流行。而在祭祀方式上,无论是民间还是朝廷,均以血祭为主。

(3)活动建设

二王庙庙会是当地一项富有传统特色的民俗文化活动。李冰父子凿离堆、开堰建渠的壮举,为成都平原带来了无尽的福祉,他们的功绩一直深受后人的崇敬与感激。二王庙的建立,不仅使得民间供奉二者的香火不断,还催生出由官方主导的祭祀活动。每年,二王庙都会在清明节举办盛大的放水节,这一节日不仅包含各种庄严而隆重的仿古放水仪式,还融入了丰富多彩的娱乐活动和经贸交流活动,以此向李冰表达敬意。同时,在农历六月廿四二郎神的诞辰以及紧随其后的六月廿六李冰的诞辰日,也会举行热闹非凡的庙会活动。

(二)伏龙观

伏龙观(见图7-5)坐落于风景秀丽的离堆公园之内,其位置紧邻幽深

---

① 〔唐〕崔令钦(生卒年不详),出身博陵崔氏,开元年间为左金吾仓曹参军,著《教坊记》。
② 广济王,战国时水利家李冰的封号。北宋仁宗时期,因都江堰水利之功,追封秦蜀郡守李冰为"广济王"。元代改封他为"圣德广裕英惠王",后世仍习称"广济王"。

的潭水。据传，此地曾是李冰治水时降伏孽龙之处，因此，在北宋初年，这里被改为祭祀李冰的场所，并被命名为"伏龙观"。

图 7-5　伏龙观

如今，伏龙观内保存着古朴的殿宇。步入前殿，正中有一尊东汉时期（25—220 年）雕刻的李冰石像，庄严肃穆。此外，殿内还珍藏有东汉时期的堰工石像，以及唐代金仙和玉真二位公主在青城山修道时遗留下的珍贵文物——飞龙鼎，这些文物无不彰显着其深厚的历史文化底蕴。

1. 发展历史

伏龙观，亦称老王庙、李公祠或李公庙，得名于李冰降服孽龙的古老传说，是一座专门纪念李冰功绩的庙宇。其最初名为"范贤馆"，建设历史可追溯到西晋末年。当时，李雄[①]在成功夺取蜀郡后，为了表达对助他夺取政权的蜀中贤士范长生[②]的感激之情，特意修建了这座馆舍。后来，为了纪念李冰父子降龙治水的传奇故事，该馆舍被更名为"伏龙观"。

在清同治五年（1866 年），四川巡抚崇实提出这样的观点："子虽齐圣，不先父食。况以公之贤，又有功于蜀，其施力程能固无待乎其子。今乃数典忘祖，子掩其父得无素欲。"

于是，他委托成绵龙茂道钟峻在原本的伏龙观屺山门旧址上，重新修建了

---

① 〔西晋〕李雄（274—334），字仲俊，氐族。巴西郡宕渠县（今四川省渠县）人，后迁略阳郡（今甘肃省秦安县）。成汉开国皇帝。景帝李特第三子，幽公李期之父。

② 〔西晋〕范长生（生卒年不详），一名延久，又名重久，或名文，字元。涪陵丹心（黔江区）人，"蜀之八仙"之一。

一座专门供奉通佑王（即李冰）的庙宇，而将二郎神配祀于后殿。这与二王庙的布局截然不同：在二王庙中，二郎神位于前殿，而李冰夫妇则居于后殿。正因如此，伏龙观又被称作老王庙。

2. 建筑特征

伏龙观位于离堆之巅，其三面凌空，仅有一面通过42级石阶与广袤的大坝紧密相连，每级石阶宽达10米多。这样的设计使得伏龙观更显雄伟壮丽与庄严神圣。其主要建筑均巧妙地沿一条中轴线布局。

伏龙观原本拥有两重殿宇，至清同治年间，增建了李冰殿，从而使得主殿数量增至三重。1959年进行修缮时，为了提升建筑结构的稳固性，将原有的玉皇殿与喜雨楼进行了合并，并采用钢筋混凝土与砖木混合的排架结构，重新建造了一栋一楼一底的后殿。

前殿内，有一尊珍贵的李冰石刻像，这是1974年在修建外江节制闸时从河床深处发掘出的。此石像高达2.9米，重达4.5吨，雕凿于东汉灵帝初年，距今已有超过1800年的历史，被誉为中国现存最古老的圆雕石像。步入后殿，则可见到都江堰灌区的电动模型，它生动展现了灌区的壮丽景象。伏龙观的左侧，宝瓶口江水汹涌澎湃，展现出非凡的气势。而观后高处，是两层八角形的观澜亭，游客凭栏远眺，可将鱼嘴、索桥以及岷江的滔滔激流、西岭的皑皑雪峰尽收眼底。1973年，庙前的带江亭等建筑得以重建，近年来，更增设了花榭等观赏点，使得游客能够更加便捷地欣赏到"离堆锁峡"的绝美风光。

3. 所藏文物

伏龙观内收藏着丰富的文物宝藏，其中最为引人注目的便是正殿中央的东汉李冰圆雕石像。这尊石像由灰白砂岩精心雕琢而成，高达290厘米，肩宽96厘米，厚度达到46厘米。底部还附有一方形基座，长18厘米。石像身着长衣，头戴冠冕，双手置于胸前，面容慈祥含笑，两袖及衣襟上各镌刻有一行浅浅的题记。正中题记曰"故蜀郡李府君讳冰"，左侧题记则为"建宁元年闰月戊申朔二十五日都水橡"，右侧题记则是"尹龙长陈壹造三神石人珍水万世焉"。这尊珍贵的石像于1975年8月18日被加上基座，供于伏龙观的正殿之中。

在伏龙观的正殿右侧，还有一尊堰工石像，这是于1975年1月18日在都江堰外闸下方进行护滩开挖作业时意外发掘得到的。该石像身着宽袍重袖，手持锸具站立，整体高度达到1.85米，肩宽则有0.7米；锸具本身高0.28米，宽0.25米，而锸把的长度更是达到了1.34米。遗憾的是，石像的头部已遭冲毁，背部也遭受了严重的冲蚀。据推测，这尊石像很可能是李冰石像铭文中提及的"三神石人"之一。同年8月18日，这尊珍贵的石像被树立在了伏龙观大殿的右侧，以供后人瞻仰。

正殿中还陈列着一尊珍贵的飞龙铁鼎，它曾是唐睿宗之女玉真公主的遗物。此鼎重量约达千斤，鼎身之上雕铸有八条栩栩如生的飞龙以及精美的云纹花卉图案，堪称古代铸造工艺中的佼佼者，极为罕见。1978年10月，这尊飞龙铁鼎被精心移入伏龙观内，以供游人与研究者观赏品鉴。

（三）安澜索桥

1. 历史背景

安澜索桥（见图7-6），作为中国著名的五大古桥之一，全长达320米，位于都江堰的鱼嘴之上，横跨内外两江，因其独特的景致被誉为都江堰最具标志性的景观，同时也是中国古代桥梁艺术的瑰宝。此桥最初因建造材料而被称为绳桥或竹藤桥，历史上亦曾有过"珠浦桥"的美名。至宋淳化元年（990年），它被更名为"评事桥"。然而，遗憾的是，在明朝末年，这座古桥不幸毁于战火之中，但其历史地位与美丽传说至今仍被世人传颂。

图7-6 安澜索桥

清嘉庆八年（1803年），由何先德夫妇发起并于原址重新修建了一座竹索桥，该桥采用木板铺设桥面，两侧设有扶手栏杆，使得两岸行人得以安全渡过汹涌的江流，因此被命名为"安澜索桥"。民间为了纪念何氏夫妇的善举，又亲切地称之为"夫妻桥"。这座桥不仅是连接内江与外江两岸的重要交通通道，更是都江堰景区内极具特色的标志性景观之一。

在四川西部地区，索桥的历史相当悠久。尽管安澜索桥的准确修建年代已难以考证，但根据《华阳国志》中记载的李冰"能笮"①（即擅长建造索桥），我们可以推断出安澜索桥的修建时间至少不会晚于都江堰的修筑时期。在这里，"笮"指的是竹索，这是川西地区古代索桥主要采用的建筑材料，因此安澜索桥也被称为竹桥、绳桥或竹藤桥等。值得一提的是，现在的安澜索桥是1974年重建的，位置相较于原址下移了100多米，桥的材料也从传统的竹索更新为钢索，而原本承托缆索的木桩桥墩也被更为坚固的混凝土桩取代。

2. 传说

关于何先德夫妇的善举，在都江堰地区，还流传着一个传说：在清朝初年，有一位姓何的教书先生，以其乐于助人的性格在当地颇享美名。一次，他与妻子何夫人出游至岷江，目睹官船高价摆渡百姓的情景，夫妻二人深感愤慨，原本愉悦的心情瞬间转为失望。回家后，何先生夜不能寐，苦思冥想如何在两岸间架起一座桥梁，以阻断官船的财路。

经过连续三日的沉思，何先生终于在一个夜晚，从妻子正在刺绣的布幔中受到启发，构想出在空中架设索桥的方案。随后，他全身心投入索桥的建造中，历经艰辛，终于完成了这一壮举。

然而，那些贪婪的官员并未因此善罢甘休，他们因记恨何先生而蓄意报复。由于索桥两侧未设扶手，加之结构尚不稳定，一名醉酒者不慎落水溺亡。官员们借此机会，迅速将何先生逮捕并处决。

得知丈夫的遭遇后，何夫人悲痛欲绝，但她并未选择轻生。她深知，若自己就这样死去，将无法为丈夫洗清冤屈。于是，她下定决心要为丈夫讨回公道。

一日，何夫人在街头偶遇一位耍杂技的艺人，其表演时双手紧握两根木棒，身体悬空，这一场景给了何夫人极大的启示。她立刻想到，如果在桥上安装扶手，将大大增加行人的安全性。经过努力，她成功地在桥上装上了扶手。从此，这座桥被人们亲切地称为"何公何母"桥。

自那以后，何夫人便神秘失踪。有渔夫声称在河中看到了何公何母的身影，并说他们夫妇已化身为河中的精灵，共享天伦之乐，与日月同辉，与天地共存。这个故事成了当地流传的一段佳话，传颂故事的人们也将永远铭记着何公何母的伟大与牺牲。

---

① 参见中国水利史典编委会编：《中国水利史典 长江卷一》，中国水利水电出版社，2015年，第451页。

(四) 智慧结晶

1. 都江堰卧铁

卧铁被安置于内江的"凤栖窝"区域，作为淘滩作业时的参照标准，同时也标示着内江河床每年进行维修清掏时所需的深度。

据传，李冰在修建都江堰时，于内江河床之下埋藏了石马，以此作为每年淘滩作业时的深度基准，这一标志后来逐渐演变为卧铁。时至今日，留存下来的四根卧铁分别埋于明朝万历四年（1576年）、清朝同治三年（1864年）、民国16年（1927年）以及1994年。游客们如今在离堆古园的喷泉旁，可以观赏到这四根卧铁的复制品，而它们的原型则依旧放置在内江河床的深处。

2. 笼石、杩槎

笼石（见图7-7），作为都江堰沿用至今的一项关键治河工程技术，其特点在于利用竹子编织成长形笼子，内部填充卵石。这一构造旨在实现拦水与护堤的双重功能。通过将分散的卵石组合成一个既具空隙又能渗水的整体，笼石不仅增强了结构的稳定性，还便于各个竹笼之间的连接，从而形成一个庞大的整体结构。这样的设计既能够有效缓解水流的冲击力，又能通过整体直压水底，稳固河堤的基础，防止江水淘空并冲毁河堤。笼石的运用，深刻体现了"化整为零、集零为整"的哲学智慧。

杩槎（见图7-8）是一种由圆木构建的三脚架结构，历史上在截流海河等水利工程中被广泛应用。通过将多个这样的三脚架利用木梁、篾笆等材料连接起来，形成一排排的结构，再在上面铺设卵石并在篾笆外侧覆盖黏土，便创造了一种简单而有效的截流工具，其功能与现代的水闸颇为相似。杩槎巧妙地利用了三角形的稳定性原理，不仅制作简便，使用灵活，而且效率极高，在截流作业中发挥了关键作用。此外，杩槎还承担着调节水量、围堵抢修等多重重要任务，是古代水利工程中不可或缺的重要工具。

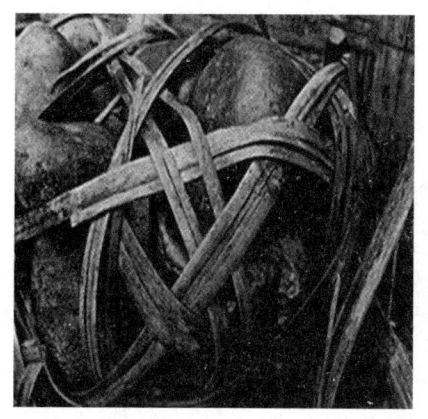
图7-7 笼石

图7-8 杩槎

笼石与杩槎，这两项传统工程技术，凭借其就地取材的便捷性和高效实用性，展现了中国古代劳动人民的卓越智慧。它们不仅是中华民族的宝贵遗产，更是全人类共同的精神财富，值得我们深入学习和积极借鉴。

（五）离堆公园

离堆公园，作为都江堰的知名景点之一，占地面积达60000余平方米，其建设历史可追溯至1932年。公园内部设计精巧，亭台楼阁与榭廊错落分布，古木参天，奇花异草点缀其间，水池与喷泉相映成趣，整体布局极富巧思。

园中的紫薇花瓶与紫薇屏风，历经二三百年的精心培育，造型独特，匠心独运，成了园中的一大亮点。此外，还有一株传说为张松[①]亲手种植的古银杏，至今仍挺拔矗立，枝叶繁茂，宛如一只仙鹤，汲取着这片山水的灵气，甚至结出了累累的果实。紫薇花瓶、紫薇屏风与这株古银杏，被誉为"园中三宝"，吸引着无数游客前来观赏。

（六）李冰石像

1974年在重建安澜索桥的过程中，从河中发掘出了两件极为珍贵的文物雕像。其中一件就是李冰石像（见图7-9），雕于东汉建宁元年（168年），距今已有1800多年的历史。它高达2.9米，重达4.5吨，造型简朴而稳重，双手合于胸前，面带微笑。雕塑的正中刻有"故蜀郡李府君讳冰"的字样，右袖则刻有"尹龙长陈壹造三神石人珍水万世焉"，揭示了这是由当时的水利官员

---

① 〔东汉〕张松（生卒年不详），字子乔。蜀郡成都（今四川成都）人。

都水椽尹龙长、陈壹所造的三尊石像之一。那么，它们的作用是什么呢？由《水经注》中"三石人立水中，以镇江流，竭不至足，盛不没腰"[①]的记载可知，它们被用作水文标记。

图 7-9 李冰石像

另外，还有一幅 1938 年绘制的都江堰水系图，它生动地展现了当时都江堰河渠的历史风貌。都江堰水利工程实际上包括了渠首工程、干流河渠以及密布如网的灌溉支流。而我们通常所说的都江堰，一般指的是渠首工程这一部分。

（七）秦堰楼

秦堰楼因都江堰始建于秦国而得名，是观赏都江堰全景的绝佳地点。这座楼依山傍水，矗立于江岸之上，不仅结构精巧，且峻拔壮观。在秦堰楼尚未建成之时，此地已被誉为"观景台"，亦称"幸福台"，这一名称的由来，是因为 1958 年 3 月 21 日，毛泽东主席曾亲临此地，驻足远眺都江堰的壮丽景色。这一珍贵的历史瞬间被永久定格，照片如今被陈列在伏龙观和二王庙中。

当游客踏上秦堰楼，极目远眺，都江堰的三大水利工程、历史悠久的安澜桥、庄严肃穆的二王庙、蜿蜒曲折的古驿道、雄伟的玉垒雄关、白雪皑皑的岷岭雪山以及青翠连绵的青城群峰，皆尽收眼底，构成一幅气势磅礴的画卷，令人叹为观止。

---

① 中国水利史典编委会编：《中国水利史典 长江卷一》，中国水利水电出版社，2015 年，第 97 页。

任务三　都江堰景点导游词示例

一、部分景点导游词示例

（一）都江堰鱼嘴（所选主题：历史与智慧的见证）

各位游客，大家好！

欢迎大家来到世界文化遗产地都江堰。都江堰，始建于公元前256年秦昭王时期，由蜀郡郡首李冰率民众耗时约20年精心打造，历经两千多年的风雨洗礼，至今依然发挥着巨大的作用，是世界上年代最久远且仍在使用的无坝引水工程。它无疑是中国古代人民智慧与勤劳的璀璨结晶。

现在，请大家顺着我手指的方向看去，位于江心、形如鱼嘴的便是鱼嘴分水堤。鱼嘴分水堤不仅造型独特，更是都江堰水利工程的精髓所在，我将其总结为一个"巧"字。

第一巧，分四六，平涝旱。面对汹涌而来的岷江水，鱼嘴巧妙地将它一分为二，外江继续担任主河床，内江则成为都江堰新建的引水道。李冰通过精确的计算，将内江河床挖得低于外江三尺三，外江河床则宽于内江九丈九。这样，在江水流量小时，六成水流入内江，可确保成都平原的灌溉用水；而在洪水季节，外江则容纳近六成水流，可防止成都平原遭受洪涝灾害。这正是二王庙石崖上刻着的六个字——"分四六，平涝旱"的真实写照。

第二巧，排沙排石。都江堰地处岷江中游，上游的沙石顺流而下。鱼嘴巧妙利用河水在弯道处的环流原理，将沙石卷入水流表层，并使其随外江水流排出，从而大大减少了内江的淤塞之害。这正是鱼嘴排沙排石的神奇之处。

第三巧，中流砥柱。在没有钢筋水泥的两千多年前，李冰使用土石和装有卵石的竹笼构筑了固若金汤的鱼嘴堤坝。这种独特的构造既坚固耐冲，又不积水，体现了古代中国人民因势利导、朴实无华的东方智慧。同时，每年的岁修又使都江堰得以持续更新，确保了其具有经久不衰的特性。

都江堰的悠久历史和卓越成就，使它成为中华民族智慧与勤劳的璀璨结晶。它见证了古代中国人民在水利建设方面的卓越成就，也见证了中华民族自强不息、勇于探索的精神。如今，都江堰依然在为人民服务，并成为世界文化遗产地，吸引着无数游客前来参观学习。它不仅是古代水利工程的杰作，更是历史与智慧的永恒见证。

(二) 飞沙堰（所选主题：自然与人文的完美融合）

各位游客，大家好！

欢迎大家来到都江堰。都江堰，它不仅仅是一座古老的水利设施，更是人与自然和谐相处的典范。它巧妙地利用地形和水流特性，滋养了一代又一代的巴蜀儿女。今天，就让我们一起走进都江堰，感受这份自然与人文交织的奇妙魅力，探寻古代中国人民的智慧与自然法则的和谐统一。

现在，让我们一同来领略古堰三大主体工程的智慧与魅力。请顺着我手指的方向看去，江心的那个堤坝便是鱼嘴，它将岷江一分为二，内江用于引水灌溉，而外江则继续流淌。再看那飞沙堰（见图7-10），它的主要职责便是"泄洪排沙"。之前我们经过的那条引水渠道，便是宝瓶口，正是它让岷江的清水源源不断地涌入成都平原。这三大工程的巧妙配合，共同铸就了都江堰的千古传奇。

图7-10 飞沙堰

特别值得一提的是飞沙堰的排沙原理，它让水利界的专家都为之赞叹。现代水利科学中的"弯道环流"原理，在这里得到了完美的应用。由于河流上层是清水，下层是含沙的浊水，清水流速快，会先冲向凹岸，然后带着冲刷下的泥沙下沉并折向凸岸。而飞沙堰正好位于河道的拐角处，利用这一原理，实现了凹岸引水、凸岸排沙的奇妙效果。清澈的江水被引入宝瓶口，而泥沙则被巧妙地排入外江。

除了排沙，飞沙堰还具备强大的泄洪功能。资料表明，内江流量越大，飞沙堰的泄洪能力就越强。在特大洪水时，从鱼嘴分进内江的总干渠流量可达宝瓶口流量的四倍，75%的内江水可在这里泄出。而在枯水季节，当水位低于飞沙堰时，它又成了一道天然的节制闸，自动失去泄洪功能，确保成都平原的灌溉需求得到满足。这种设计，体现出古人的智慧与匠心。

整个都江堰工程，都贯穿着"因势利导"、人与自然和谐相处的朴素思想。顺应水性自然，成了治水的最高准则。正是这种崇尚自然的工程理念与东方传统的哲学思想相融合，才使都江堰生生不息、历久弥新。让我们在这里，共同感受自然与人文的完美融合吧！

（三）宝瓶口（所选主题一：科学与艺术的完美结合）

各位游客，大家好。

当代著名作家余秋雨①的那句"拜水都江堰，问道青城山"②，道出了都江堰在水利工程中独一无二的地位。其充分利用自然资源，变害为利，实现了人、地、水的和谐统一，是全世界迄今为止仅存的一项伟大的"生态工程"。

大家请看前方，那滚滚而来的岷江水正流向一个形似花瓶的山口——宝瓶口。宝瓶口位于玉垒山延伸向岷江的长脊上，与隔江相望的离堆共同构成了都江堰的壮丽景观。宝瓶口的开辟，不仅展现了李冰对地形水势的精准把握，更体现了古代水利工程中的科学智慧与艺术美感。

宝瓶口，作为内江水进入成都平原的咽喉要道，其宽度和深度都经过精心计算。古人还在岩壁上刻下了水则，用以准确检测宝瓶口的进水量，这可以说是我国最早的水位标尺。当内江水流量急剧增大时，宝瓶口仍能维持稳定的进水量，展现出其强大的防洪能力。内江水经宝瓶口流向成都平原后，再向四周扩展，形成了蜘蛛网状的灌溉水系，既保证了下游有足够的水量，又防止了洪灾的发生。

或许有人会担心宝瓶口被江水冲刷而磨损坍塌，但请放心，1970年灌区人民已经为宝瓶口筑起了坚实的混凝土保护层，使这个自动控制内江水量的"瓶口"更加安全可靠。

都江堰的宝瓶口，是自然与人类智慧的璀璨结晶，是科学与艺术的结合。

---

① 余秋雨（1946—），中国当代著名作家、文学艺术理论家、文化史学家、散文家。
② 余秋雨著：《文化苦旅》，作家出版社，2019年，第7页。

它不仅是水利工程中的杰作，更是古代匠人审美与实用主义的典范。宝瓶口的设计，既考虑了水流的物理特性，确保内江水量得到精准调控，又兼顾了景观的和谐之美，其形如瓶颈，寓意深远。在科学的精准计算与艺术的巧妙构思下，宝瓶口成为都江堰的关键枢纽，既保障了成都平原的灌溉需求，又展现出类智慧与自然环境的和谐共生，是科学与艺术完美融合的生动例证。

（四）宝瓶口（所选主题二：生态与可持续发展的典范）

各位朋友，在领略了伏龙观的雄伟之后，我们现在已站在了观赏宝瓶口的最佳位置——伏龙观顶层。请顺着我手指的方向望去，那便是都江堰三大主体工程之一的宝瓶口引水道。或许大家心中都充满着疑惑，这样一个看似普通的引水口，如何成为都江堰水利工程的核心？它的设计背后又蕴藏着哪些生态与可持续发展的智慧呢？接下来，我将从三个方面为大家揭开宝瓶口"奇"之所在。

首先，宝瓶口的开凿方式堪称一"奇"。李冰巧妙地利用鱼嘴将岷江分为内江和外江，实现了水流的初步分流。然而，玉垒山这一天然屏障却阻挡了内江流向成都平原的去路。面对这一难题，李冰在没有炸药和先进技术的条件下，发挥了超凡的智慧。他利用热胀冷缩的原理，白天火烧岩石，夜晚用冰冷的岷江水浇灌，用了八年时间，成功开凿出了宽20米、高40米、长80米的宝瓶口。这一壮举不仅展现了古人的智慧，更体现了对自然环境的尊重与顺应，是生态与可持续发展理念在古代水利工程中的生动实践。

其次，宝瓶口的调控功能之"奇"，进一步彰显了可持续发展的智慧。作为人工凿成的咽喉，宝瓶口起着"节制闸"的作用，既保证了足够的水量进入灌区，又能在洪水期有效阻挡过多水量。在夏秋季节洪水来临时，宝瓶口凭借其窄而深的特点，约束住了狂野的江水，使多余洪水自动折回，从飞沙堰排出，实现了二次分洪。而顺利通过宝瓶口的水流，则顺应地势，形成自流灌溉渠系，滋养着成都平原上的万亩农田。这一精妙设计，不仅确保了成都平原的农业丰收，更成了"天府之国"的美誉之源。

最后，宝瓶口的水则之"奇"。李冰经过多年的实际观测，掌握了宝瓶口水位变化和灌溉需求的规律，刻凿了三个石人作为水位标尺，并留下了"竭毋及足，涨毋没肩，年中水量，以此为度"的说明。这一举措，不仅确保了宝瓶口有着稳定的进水量，更对成都平原的农业、灌溉、防洪、运输等产生了重大效益。这不仅是古人智慧的结晶，更是生态与可持续发展理念在古代社会治理中的深刻体现。

宝瓶口的存在，不仅为成都平原带来了繁荣与富饶，更成了生态与可持续发展理念的典范。它告诉我们，只有尊重自然、顺应自然、保护自然，才能实现人与自然的和谐共生，推动社会的可持续发展。在未来的发展中，我们应当借鉴都江堰宝瓶口的智慧，坚持生态优先、绿色发展，推动经济社会发展与生态环境保护的双赢。

（五）安澜索桥（所选主题：文化和旅游的深度体验）

各位游客朋友，大家好！

欢迎来到世界遗产之都江堰，这里不仅是天府之国的富饶之源，更是我国古代水利工程的璀璨明珠，承载着2000年的历史智慧与文化。今天，我们将一同踏上一段文化和旅游的深度交融之旅，感受都江堰带来的历史韵味与现代活力。

当我们漫步在这座古老的土地上，首先映入眼帘的是那座横跨岷江的"安澜索桥"。安澜索桥，作为我国著名的五大古桥之一，见证了都江堰的沧桑变迁。它原名"安栏桥"，后因寓意"安全度过狂澜"而更名为"安澜索桥"。当我们站在桥上，摇摇晃晃地感受脚下波涛汹涌的岷江水，那份历史的厚重与自然的壮丽交织在一起，让人心生敬畏。

而关于这座桥的故事，更是充满了传奇色彩与文化底蕴。清朝年间，一位名叫何先德的私塾老师，为了断绝官船摆渡的暴利，与妻子共同奋斗，在空中架起了这座索桥。二人历经波折，甚至付出了生命的代价，但他们的精神却也永远镌刻在了这座桥上。人们感激何氏夫妻的功德，将安澜索桥又称为"夫妻桥"，而这段历史佳话也成了都江堰文化中不可或缺的一部分。

如今，新建的安澜索桥在保留古代悬空过渡形式的同时，也融入了现代科技的力量。钢索替代了竹索，钢筋混凝土桥桩替代了木桩排架，既提高了安全性，又让人们能够更加安心地体验这座古桥的魅力，实现了传统与现代的完美结合。

现在，就让我们一道走过这晃晃悠悠的索桥，去感受那份"如履薄冰"的刺激与快感吧。在体验中，我们不仅能够领略到都江堰的自然风光，更能够深刻感受到这里所蕴含的文化底蕴，实现一次心灵的洗礼与升华。让我们带着敬畏之心，继续探索都江堰的奥秘吧！

（六）二王庙（所选主题：自然与人文的完美融合）

各位游客，大家好！

欢迎来到这片被世人誉为"天府之国"的成都平原，其富饶繁荣的根源，在于李冰父子率古代先民创建的都江堰水利工程。为了纪念李冰父子为世世代代百姓带来的福泽，人们修建了这座庙宇——二王庙。它原名"望帝祠"，在南北朝时期，蜀人因感激李冰父子之功德，特在郫县另建"望丛祠"，并将此庙更名为"崇德庙"，以表达对二人的崇敬之情。后来，李冰父子相继被封为王，庙宇也因此定名为"二王庙"，并沿用至今。

在中华大地上，为纪念有功于人民的历史人物而建造的庙宇并不罕见，但像二王庙这样拥有2000多年历史且香火从未中断的庙宇，却屈指可数。在二王庙里，与李冰相关的塑像、碑刻、铭文、器物琳琅满目，四川人民将恩泽广施的李冰铭记于心，并将其供奉在庙堂之上。

2008年"5·12"汶川特大地震，让千年历史的都江堰遭受了重创，二王庙建筑群几乎全部坍塌。但幸运的是，都江堰的水利工程并未受损。鱼嘴、宝瓶口、飞沙堰等重要设施安然无恙，这也是都江堰历经2000多年仍能发挥防洪灌溉作用的原因。

如今，站在鱼嘴之上，俯视岷江，修复后的鱼嘴裂纹清晰可见；仰望青山，受损的二王庙古建筑群经过精心修缮，宛如一位历经沧桑的老人，倔强地挺着腰板，以肃穆的姿态迎候八方游人，这不仅是建筑的重生，更是自然与人文精神的延续。

登上修缮后的秦堰楼，这是二王庙里的最高点。相传此地是大禹导江、丛帝决玉垒、李冰建都江堰时勘察水势的地方。古人有云："登斯楼也，则有心旷神怡，宠辱偕忘，把酒临风，其喜洋洋者矣。"① 虽然我们无法效仿古人把酒临风，但请大家远眺青城山，巍峨千仞，穿云而立；近观岷江，浩浩荡荡，碧水银波，翻腾叠浪，经古堰分流而去，一泻千里。这自然与人文的完美融合，恰似一幅泼墨长卷，尽展眼前，令人心旷神怡，仿佛能令我们穿越时空，感受到古人与自然和谐相处的智慧与力量。

二王庙依山而建，与周围的自然环境融为一体。庙宇的每一砖一瓦，都仿佛是从山中自然生长出来，与山势、水流、植被和谐共生。在这里，你可以感

---

① 马禄荷、翟瑞祥、刘自献：《诗意的建筑　中国古代名建筑诗文赏析》，河南人民出版社，2006年，第17页。

受到自然的力量与人类的智慧交织在一起，共同谱写着生命的赞歌。

二、课后任务

请大家阅读以下导游词主题内容。

（一）都江堰导游词可选主题

1. 历史与智慧的见证

立意概述：都江堰，历经两千多年历史，是古代水利工程的杰作，见证了中华民族的智慧与勤劳。它解决了灌溉与防洪难题，推动了地方经济发展，是历史与智慧的鲜活见证。

2. 自然与人文的完美融合

立意概述：都江堰景区将山水之美与人文底蕴巧妙结合，展现了人与自然和谐共生的理念。古木参天，溪流潺潺，让人仿佛置身于一幅动人的山水画中，同时又感受到深厚的历史文化底蕴。

3. 生态与可持续发展的典范

立意概述：都江堰采用无坝引水，注重生态保护，避免了水资源的浪费与污染，成为生态与可持续发展的典范。它至今仍在为成都平原提供稳定的水资源，为当地可持续发展作出了巨大贡献。

4. 文化和旅游的深度体验

立意概述：都江堰景区不仅拥有深厚的历史文化，还为游客提供了丰富的旅游体验。在都江堰，游客可以参观博物馆，了解历史背景，同时欣赏自然风光和古代水利工程的智慧结晶。

5. 科学与艺术的完美结合

立意概述：都江堰工程的设计巧妙而精湛，是古代科学与艺术的完美结合。它巧妙地利用了地形和水流等自然条件，实现了防洪、灌溉和水运等多种功能，展现了古代中国人民的智慧与创造力。

（二）参考以上导游词主题完成课后任务

（1）请选择都江堰的任意一个景点撰写导游词并进行讲解。

（2）讨论都江堰水利工程是如何体现人与自然和谐共处的。

参考文献

丁援，宋奕，2015. 中国文化线路遗产［M］. 上海：东方出版中心.

何一民，范瑛，2005. 阆苑仙境——历史文化名城阆中［M］. 成都：巴蜀书社.

赖斌，2010. 四川经典导游词［M］. 北京：旅游教育出版社.

李惺，1993. 阆中县志［M］. 成都：四川人民出版社.

李志杰，2016. 民间建筑［M］. 成都：四川人民出版社.

廖荣隆，2007. 廖荣隆助你考导游①［M］. 北京：中国旅游出版社.

廖荣隆，2008. 廖荣隆助你考导游②［M］. 北京：中国旅游出版社.

钱钧，2007. 四川著名景点导游词［M］. 杭州：浙江人民出版社.

四川省地方志编纂委员会，1993. 都江堰志［M］. 成都：四川辞书出版社.

四川省旅游局，四川省旅游协会，2002. 四川导游词精选［M］. 北京：中国旅游出版社.

中国水利史典编委会，2015. 中国水利史典（长江卷一）［M］. 北京：中国水利水电出版社.

后　记

随着旅游业的蓬勃发展，导游词作为导游服务的重要组成部分，其创作和讲解水平直接影响着游客的旅游体验。为了满足中职学校旅游服务与管理专业学生对于导游词创作与表达的学习需求，我们在本教材中加入了精心创作的导游词，以期为学生提供更全面的学习指导。

在导游词的创作过程中，我们深入研究了四川各类旅游资源和景点的特色，结合游客的心理需求和旅游市场的变化，力求创作出生动、有趣、富有感染力的导游词。我们注重导游词的文学性和实用性的结合，既要有优美的语言表达，又要能够准确传达景点的历史、文化、自然等方面的信息，让游客在欣赏美景的同时，也能够增长知识、开阔眼界。

在创作过程中，我们特别注重导游词的个性化和创新性。我们鼓励学生在掌握基本创作技巧的基础上，根据自己的特点和风格进行创作，力求让每一篇导游词都独具特色、富有创意。同时，我们也注重引导学生关注社会热点和时代变迁，将最新的旅游理念和旅游趋势融入导游词中，使导游词更加贴近游客的需求和期望。

在导游词的讲解方面，我们注重培养学生的语言表达能力和舞台表现力。我们鼓励学生通过生动的语言、丰富的表情和肢体语言来演绎导游词，让游客在听觉和视觉上都能得到愉悦的体验。同时，我们也注重培养学生的应变能力和现场互动能力，以应对实际工作中可能出现的各种情况，提升游客的满意度和忠诚度。

在本教材的编写过程中，我们得到了许多专家和学者的支持和帮助。他们为我们提供了宝贵的意见和建议，使教材的编写更加符合行业标准和市场需求。同时，我们也借鉴了许多优秀的导游词案例和创作经验，以确保教材内容的权威性和实用性。

当然，我们也深知这本教材中还存在许多不足之处。由于旅游行业的快速发展和变化，一些新的景点和旅游资源可能未能及时纳入教材中。此外，由于我们的水平和经验有限，教材中展现出的导游词的创作水平和讲解技巧还有待提升。因此，我们恳请广大读者在使用过程中提出宝贵的意见和建议，以便我们不断完善和改进教材。

最后，我们衷心希望这本《模拟导游：导游词编写》教材中的导游词创作部分能够成为广大中职学校旅游服务与管理专业学生学习和创作的参考和借鉴。我们相信，在大家的共同努力下，一定能够培养出更多优秀的导游人才，为旅游业的繁荣发展作出贡献。

编　者

2025 年 7 月